Prof. Dr. Wolfgang Kayser

Geschichte des
deutschen Verses

Zehn Vorlesungen für Hörer aller Fakultäten

Zweite Auflage

Francke Verlag München

UTB Uni-Taschenbücher

Eine Arbeitsgemeinschaft der Verlage:

Birkhäuser Verlag Stuttgart und Basel
Gustav Fischer Verlag Stuttgart
Francke Verlag München
Dr. Alfred Hüthig Verlag Heidelberg
J.C.B. Mohr (Paul Siebeck) Tübingen
Quelle & Meyer Heidelberg
F.K. Schattauer Verlag Stuttgart-New York
Ferdinand Schöningh Verlag Paderborn
Eugen Ulmer Verlag Stuttgart
Vandenhoeck & Ruprecht in Göttingen und Zürich
Verlag Dokumentation München-Pullach
Westdeutscher-Verlag / Leske Verlag Opladen

PF
3505
K35

© A. Francke Verlag GmbH München 1960
Zweite Auflage 1971
Alle Rechte vorbehalten
ISBN 3-7720-0003-7
Einbandgestaltung: A. Krugmann, Stuttgart

ÜBERSICHT

Das vorliegende Buch ist ein einstündiges Kolleg, das im Sommersemester 1958 an der Universität Göttingen für Hörer aller Fakultäten gelesen wurde. Der Vortragende ließ es auf Band aufnehmen, um es später als Gedächtnisstütze für eventuelle Arbeiten, deren Umriß noch keineswegs festlag, benutzen zu können. Die Stimme ist gelöscht. Der Text – in Maschinenschrift übertragen – blieb erhalten. Nie war geplant, es in dieser oder einer ähnlichen Form zu veröffentlichen. Die Frage, ob eine Publikation wie diese im Sinne dessen wäre, der die Vorlesungen hielt, muß offen bleiben.

Die Herausgeberin begann zunächst absichtslos in diesem scheinbar stimmlosen Manuskript zu blättern; aus dem Blättern wurde Lesen, bald ein gebanntes Lesen vom Anfang bis zum Ende. Im Lesen wurde vieles lebendig: die Stimme, der Tonfall, die Sprachgebärde, die jedem Menschen zugeordnet ist wie seine Handschrift. Aus dem Manuskript sprach dieselbe Haltung des Interpreten, die Wolfgang Kaysers andere Publikationen kennzeichnet: ein behutsames Hinhören, das unter Verzicht auf vorgefaßte Meinung den Gegenstand vorsichtig abtastet, bis sich seine scheinbare Spröde in Lebendiges löst, bis er sich in seiner ganzen Fülle erschließt und Außen und Innen, Form und Inhalt verschmelzen. In die Wiederbegegnung mit einem solchen Vorgehen mischte sich die Wiederbegegnung mit Versen, vielfach gekannten und geliebten, die nun, in einen neuen Zusammenhang gestellt, auf neue und ungewohnte Weise zu leuchten und zu klingen begannen. Und die Frage stellte sich: Sollte man nicht einen größeren Kreis an einer solchen Verlebendigung teilnehmen lassen? Sollte man – da die Geschichte des Verses im allgemeinen als eine schwer zugängliche und schwer übermittelbare Materie gilt – einen so dichtungseigenen Zugang zur Dichtung anderen vorenthalten? Die Beantwortung der Frage mag den Lesern des kleinen Buches überlassen bleiben.

Ein Kolleg ist wohl die persönlichste Form wissenschaftlicher Übermittlung. Jedes Kolleg steht auf einer der Person des Vortragenden eigentümlichen Stufe zwischen der Skizze und dem vollendeten wissenschaftlichen Gemälde. Das vorliegende Buch, der erste Versuch, eine äußerst umfangreiche Materie übersichtsweise in den Griff zu bekommen, steht der Skizze noch verhältnismäßig nahe. Dies mag auf die persönliche Technik des Vortragenden zurückzuführen sein, der die eigentliche Durchformulierung des Stoffes der Intuition am Abend vor der Vorlesung überließ. Die besondere Situation des einstündigen Kollegs für Hörer aller Fakultäten begünstigte diese Haltung in besonderem Maße. Diese Vorlesungen wollten nichts weiter, als auf einem zunächst weißen Blatt Kompositionsglieder im Raum verteilen. Vieles bleibt nur angedeutet, manche Gruppen treten auch schon klarer hervor. Dort, wo die Liebe des Verfassers besonders beteiligt war, bei Goethe etwa – die nächste größere Arbeit sollte Goethes Verskunst gewidmet sein –, ist die Ausführung schon weiter vorangetrieben, werden schon Glanzlichter aufgesetzt, die im Ganzen umso heller leuchten. Auch sonst sind persönliche Neigungen noch durch das Ganze spürbar, so – für manche vielleicht überraschend – die Vorliebe des Verfassers für den «fließenden Rhythmus», der gerade die Form im engeren landläufigen Sinne dauernd überspült.

Jeder Kolleglesende tritt aber nicht nur zu seinem Gegenstand, sondern auch zu seinem Auditorium in eine ihm eigene Beziehung. Es mag hier – je nach der Soziabilität des Vortragenden – alle Abschattierungen vom monologischen zum dialogischen Kolleg geben. Wolfgang Kaysers Vortragsart war in überraschendem Maße dialogisch. Das immer wiederkehrende Leitwort in dem vorliegenden Buch «Sie spüren» ist eine Art Beschwörungsformel, eine Bitte, doch selber so nah wie möglich an den Gegenstand heranzugehn, ja mehr noch: in ihn einzuschwingen. Offene Fragen werden dem Auditorium als solche vorgelegt und die Entscheidung auf eine wenig tyrannische Art dem einzelnen Hörer überlassen. Ein solches Zur-Seite-Treten des Lehrenden ist aber nur möglich, wenn Lehrer und Hörer von gemeinsamen Voraussetzungen ausgehen. In diesem Kolleg für Hörer aller Fakultäten ist das Bemühen spürbar, auf die Ebene des interessierten Laien als gemeinsamen Ausgangspunkt zurückzugehen, nichts vorauszusetzen als die Bereitschaft, Dichtung aufzunehmen. Sein Stil ist geprägt von einem selbstlosen Verzicht auf Ausbreitung von vorhandenem Wissen; der Verzicht auf den Gebrauch «komplizierter Fachausdrücke» wird an einer Stelle ausdrücklich formuliert. Eine solche Beschränkung auf der einen Seite brachte auf der anderen den Gewinn einer kaum noch zu überbietenden Schlichtheit der Diktion, eine scheinbare Schwerelosigkeit der Darstellung, die dem Aufnehmenden die Hindernisse weitmöglichst aus dem Wege räumt.

Es ist vielleicht kein Zufall, daß sich dem ersten Büchlein, das Wolfgang Kayser der breiteren Öffentlichkeit bekannt machte, der «Kleinen Versschule», als letzte Veröffentlichung nun die «Geschichte des deutschen Verses» zuordnet, die aus etwa gleicher Voraussetzung und mit gleicher Zielsetzung gesprochen wurde. Immer wieder kehrte das kreisende Denken zum Vers, dieser Essenz des Dichterischen, zurück.

Zum Technischen der Herausgabe bleibt Folgendes zu sagen: Der reine Sprechstil mit gelegentlichen Unterbrechungen, Verkürzungen und Einschüben wurde mit möglichster Behutsamkeit zu einem lesbaren Sprechstil ausgeglichen. Einige Umstellungen wurden vorgenommen, die Nachträge zu einem bestimmten Thema an die zugehörige Stelle rückten. Vorlesungseingänge, die das in der vorangehenden Stunde Dargestellte noch einmal zusammenfaßten, wurden ausgespart, um Wiederholungen zu vermeiden. Die erste Kollegstunde, die nicht auf Band vorlag, wurde nach vorhandenen Stichworten im Sinne des Ganzen ausgeschrieben. Da der Glockenschlag der Kollegstunde nicht immer mit einem thematischen Schlußpunkt zusammenfiel, wurde eine Gliederung nach Sachgebieten vorgenommen, deren Abhandlungsdauer zu der realen Vorlesungszeit in keiner Beziehung mehr steht. Fräulein Dr. Dorothea Schäfer sei aufrichtig gedankt für die philologische Durchsicht der Texte und andere redaktionelle Hilfe.

So sei dieses kleine Buch – manchen Bedenken zum Trotz – der Öffentlichkeit übergeben: den Studenten der Germanistik zur Erweiterung des Wissens, den Forschern zu gelegentlicher methodischer Anregung, den Liebhabern der Dichtung zu beglückender Vertiefung. Seinen Schülern zur Erinnerung!

Im August 1960   Ursula Kayser

Meine Damen und Herren!

Die Geschichte des deutschen Verses ist das Thema unserer einstündigen Vorlesung, die auf begrenztem Raum an einigen prägnanten Beispielen einen Überblick über ein vielfältiges, weil eben lebendiges historisches Geschehen zu geben versucht. Die Geschichte des Verses bildet ein längsschnittartiges Gegenstück zu der systematischen Bestandsaufnahme einer Versschule, die querschnittartig den Formenbestand und die in ihm enthaltenen Möglichkeiten aufnimmt. Wir werden unseren Überblick zeitlich auf die Spanne zwischen dem 16. Jahrhundert und der Moderne beschränken, eine etwas willkürliche Beschränkung, die keineswegs besagen soll, daß etwa im 16. Jahrhundert etwas völlig Neues geschieht und von da keine Fäden bis in die mittelalterliche Dichtung zurückreichen. Sie werden sehen, wie Formtendenzen, die etwa schon im Minnesang vorhanden sind, durchstehen bis in unsere Zeit, wie es ja überhaupt im geistig-historischen Geschehen niemals einen Abbruch und einen völligen Neubeginn gibt, sondern das Alte tradiert, teilweise bewahrt und durch neu Hinzutretendes abgewandelt, bereichert und verändert wird. Der Prozeß des Veränderns und Bereicherns wird nur an einigen Stellen besonders sinnfällig. Einen solchen Einschnitt bedeutet auf unserem Gebiet etwa das Erscheinen der Opitzschen Poetik im 17. Jahrhundert oder die Bereicherung des deutschen Verses durch Klopstock im 18. Jahrhundert. Eine weniger revolutionäre, nicht so tief gehende Umlagerung auf dem Gebiet des Verses brachte schließlich noch einmal die Romantik.

Wenn wir uns so der Geschichte des Verses zuwenden, stellt sich zunächst die Frage: Welches ist unser Gegenstand? Was ist der Vers? Und im gleichen Augenblick stellt sich die Frage, ob wir auch gut gefragt haben. Eine Frage ist kein Geldstück, das wir in einen Automaten einwerfen, und unten kommen Briefmarken, Zigaretten oder Süßigkeiten heraus. Dem Markstück wie dem Mechanismus ist es gleichgültig, ob er Briefmarken oder Zigaretten liefert. Eine Frage als eine Sprachgebärde legt den Sinnhorizont fest, in dem die Antwort erfolgen kann. Unsere Frage meint hier nicht den Vers als Einzelzeile, wie das Wort ja vielfach benutzt wird, ebensowenig den Vers als Strophe, wie die Kirche den Begriff zu praktischen Zwecken zu handhaben pflegt. Wir meinen hier den Vers überhaupt, zu dem es gerade gehört, daß er in einem Zusammenhang fortlaufender Zeilen steht. Den einzelnen Vers (als Zeile) gibt es eben nur, weil es mehrere gibt, weil er in einem Zusammenhang mit anderen Versen steht. Die Frage: was ist der Vers? muß also den Sinnhorizont der Bewegung von einem Vers zum anderen schon mit umfassen. Der Vers in diesem Sinne wird immer als Bewegung erfahren, und zwar als akustische Bewegung im Gegensatz etwa zum Film, der ja auf optischer Bewegung aufgebaut ist. Der Vers will gehört werden. Ursprünglich war ja unser Gegenstand nichts Gedrucktes und garnicht zur optischen Aufnahme bestimmt. Mittelalterliche Gedichte z. B. sind optisch nicht als Verse geschrieben, und manches optisch – also im Druckbild – als Vers Geschriebene ist wohlmöglich garkein Vers. Das Druckbild ist erst eine spätere optische Anweisung für ein ursprünglich akustisches Phänomen.

Hier liegt schon eine der Schwierigkeiten, auf die wir bei der Arbeit am Vers stoßen: die Schwierigkeit nämlich, das uns heute geläufige Druckbild in Hörbares umzusetzen. Die Druckschrift ist ja in ihren Anweisungen viel kümmerlicher als etwa die Notenschrift, die mit Tempoangaben (Metronomzahlen) Zeichen für Beschleunigung und Verlangsamung, für Lautstärke, An- und Abschwellen (pppp–ffff, sforzati) mit ihren Bindebögen und Staccatopunkten ungleich genauer und vielseitiger in der Anweisung der Übertragung ist. Die Druckschrift ist dagegen beschränkt, ihre Anweisungen reichen nie zu einer adäquaten Reproduktion. Sie verfügt über nur wenige Hilfsmittel wie Kursiv- oder Fettdruck und Kapitälchen. George z. B. suchte aus dieser Schwierigkeit einen Ausweg, indem er zur Kleinschrift überging und die Großschrift nun als Schallfunktion verwenden konnte. Die Sprechkunst steht also immer in der Entscheidung zwischen der relativen Freiheit und der werkgerechten Adäquatheit der Reproduktion.

Die andere Schwierigkeit, die sich für den Vers als Gebilde einer akustischen Bewegung ergibt, ist die, daß unser Gehör für die Aufnahme solcher Bewegung auch vorbereitet und geschult sein muß. Das Gehör ist ja ein Organ, das wie jedes andere vernachlässigt und entwickelt werden kann. Sicher ist in den Jahrhunderten seit der Erfindung der Buchdruckerkunst und wohl besonders durch die allgemeine Schulpflicht unser Ohr zugunsten des Auges vernachlässigt worden. Andere Jahrhunderte und andere Kulturformen verfügten über ein ungleich feineres und geschulteres Gehör, als wir es heute besitzen. Nur so ist es zu erklären, daß in Rom die Plebs, also das literarisch ungeschulte Volk, bei einem fehlerhaften Vers zu pfeifen begann; ich habe es in Portugal, wo ein großer Teil der Bevölkerung noch nicht lesen und schreiben kann, selber erlebt, wie sich unter dem Volk Unbehagen ausbreitete, wenn beim Rezitieren siebensilbiger Verse eine Unregelmäßigkeit unterlief. Wer bei uns hört noch etwa inmitten des Blankverses sechshebige Zeilen, wie sie etwa bei Grillparzer vorkommen? Sicher ist unser Gehör, seitdem wir lesen können, für den rein akustischen Reiz der Dichtung stumpfer geworden. Es steht dahin, ob wir diese Tatsache mit dem üblichen Hinweis, daß früher alles besser war, bedauern sollen. Es ist möglich, daß gewisse Vorgänge in der Versgeschichte mit dem Gehörverlust in Zusammenhang stehen. So scheint es, als ob die Zeile an Bedeutungsschwere eingebüßt hätte, ja als ob auch eine Tendenz bestünde, die Bedeutung der Strophe zu mindern, eine Bewegung, die wir etwa seit der Romantik, wie wir sehen werden, verfolgen können. Eine Tendenz zum Gleiten, zum Überfließen der Zeile und der Strophe ist trotz mancher Gegenbewegung wie etwa bei George und R. A. Schröder nicht zu leugnen. Es ist hier nicht die Stelle, die Frage aufzuwerfen, ob unser Gehör vielleicht als Ersatz für Verlorenes andere Feinhörigkeiten entwickelt hat, die anderen Generationen unbekannt waren. Um sich von der Wandlungsfähigkeit des Gehörs eine Vorstellung zu machen, genügt wohl schon ein Hinweis auf die moderne Musik, die dem sich allmählich gewöhnenden Zuhörer Klänge zumutet, die vergangenen Generationen noch als gänzlich unannehmbar erschienen wären.

Aber unsere akustisch beschränktere Aufnahmefähigkeit für Dichtung hat wohl noch einen anderen Grund: das Auswendiglernen, ein Prozeß, durch den das Gelesene ja auf die Ebene des gesprochenen Wortes gehoben wird, ist so gut wie ganz aus der Übung gekommen. Noch die vorige, also meine Generation, konnte eine Fülle von Gedichten ihrer Lieblingsschriftsteller: Rilke, George oder Hofmannsthal auswendig. Die heutigen Studenten setzen mich immer wieder durch den Mangel an auswendig Gewußtem (*par cœur*, also vermittels des Herzens Gewußtem, wie der Franzose sagt) in Erstaunen. Die Tatsache mag nicht nur mit dem Versagen der Schule oder vielleicht besser deren veränderter Einstellung zum Auswendiglernen in Zusammenhang stehen, sie mag auch durch die Struktur der modernen Lyrik bedingt sein. Ein Gedicht wie z. B. die *Gladiolen* von Gottfried Benn läßt den Lernenden ratlos:

> Ein Strauß Gladiolen
> das ist bestimmt sehr schöpfungsdeutend,
> fern von Blütengeweichel mit Fruchterhoffnung –:
> langsam, haltbar, unirritiert,
> großzügig, sicher der Königsträume.
>
> Sonst die Natur- und Geisteswelt!
> Dort die Wollherden:
> Kleereste, mühselig, und daraus Schafsbröckel –
> und hier die freundlichen Talente,
> die Anna in den Mittelpunkt des Geschehens rücken,
> sie läutern und einen Ausweg wissen!
>
> Hier ist kein Ausweg:
> Da sein – fallen –
> nicht die Tage zählen –
> Vollendung
> schön, böse oder zerrissen.

Den Auswendig-Lernenden trägt hier nichts. Der Verscharakter ist offensichtlich wenig ausgeprägt. Diese Art der Lyrik steht so nahe bei der Prosa, daß sie den Lernenden wohl vor die Schwierigkeit lyrischer Gedankengänge stellt, ihm aber die Hilfe formaler Stützen versagt. Der Sinngehalt hat hier den lyrischen Bewegungsrhythmus bis zur Prosagrenze überwuchert. Mit solchen Gedichten stehen wir an dem einen äußersten Ende lyrischer Möglichkeiten.

Auf der entgegengesetzten Seite steht eine andere Möglichkeit, Verse zu verwirklichen. Dort finden wir Verse, deren Sinngehalt vielleicht gering, deren Verscharakter aber ungeheuer stark ist. Ihnen allen sind sicher Verse im Ohr, die Sie nie verlieren können, Verse wie etwa diese:

> Eene meene ming mang
> ping pang
> Use duse backe dich
> eia weia weg.

Ist das noch Sprache? Sprache als Ausdruck eines sinnhaltigen gedanklichen Gefüges? Wohl kaum. Aber etwas anderes ist da: ein

Wirkungsvolles, Lustvolles, Ansteckendes und Ergreifendes, eine Ordnung der Bewegung, in die Sie bedingungslos einschwingen. Worauf beruht nun der Reiz, der von diesem Abzählvers ausgeht? Zunächst auf einem markanten Wechsel von Betonung und Nichtbetonung und auf der regelmäßigen Wiederkehr von Betonungen. Die einzelnen Worte drängen über sich selbst hinaus nach vorne, zum nächsten, und doch beruhigt die erwartete Wiederkehr des Gleichen: es ist Dauer im Wechsel und Wechsel in der Dauer des Wiederkehrenden. Sie kennen dieselbe Wirkung von dem alt-bewahrten und immer neu bewährten Kinderreim:

> Heile, heile Segen
> Drei Tage Regen
> Drei Tage Sonnenschein
> Wird alles wieder besser sein.,

der aus denselben Gründen etwas betörend, betäubend Einlullendes und doch zugleich Erregendes hat. Dieses Element der Dauer im Wechsel nennen wir Rhythmus, dieses seltsamste Phänomen des Verses, das in einem geheimnisvollen Zusammenhang mit unserer organischen Existenz, mit unserer Lebenskraft und mit unserem Herzschlag steht. Dieser Rhythmus kommt über die Sprache, gliedert sie, bringt Ordnung, in der Wiederkehr beglückende Ordnung in die Akzente und Abstände. Die Sprache fügt und fugt sich unter dieser beweglichen Gewalt. Aber außerdem kommt noch ein anderes hinzu, das über das rein Motorische hinausgeht: die Bindungen klanglicher Art, die in dem Abzählvers vokalisch von e zu i zu a gehen; konsonantisch verbindet das *m* die ganze erste Zeile, das *p* die zweite und das *w* die letzte Zeile. Schließlich werden noch jeweils zwei Zeilen durch den Reim verbunden. Versus heißt ja Kehre. Das Wort stammt aus der Bildlichkeit des Bauern, der die eine Furche pflügt und in der anderen zum Anfang zurückkehrt. Diese Rückkehr zum Anfang ist das eigentliche Geheimnis des Verses, das uns noch vielfach beschäftigen wird.

Vers, können wir nun also zusammenfassend sagen, ist der Vollzug, der sich immer erneuernde Vollzug der Verbindung von Sprache mit Rhythmus und Klanglichkeit. Und ein anderes können wir wohl schon aus dem so Gewonnenen folgern: Je stärker der Rhythmus, die magische Kraft der Ordnung, die den Wechsel als Dauer will, desto schwächer die Meinungskraft der Sprache und umgekehrt. Der Vers ist das Neue, Dritte, das aus der Verbindung von Sprache und Rhythmus entsteht. Diese Verbindung ist eine jeweils eigene; jedes Gedicht, Epos oder Drama geht diese Verbindung auf eigene Art ein.

Wir sind nun gewohnt, die regelmäßige Wiederkehr von betonten und unbetonten Silben in ein Schema zu bringen, ohne die jeweilige Stärke der Betonung, Beschleunigungen, Verlangsamungen und eventuelle Pausen zu beachten. Ein solches Betonungsschema würde den Kindervers «heile, heile Segen» als vierhebig mit Paar-Reimen bezeichnen. Es würde sich bildlich folgendermaßen reproduzieren lassen:

$$
\begin{array}{ll}
\text{x́xx́x́ x́} & \left.\right\} \text{ a} \\
\text{x́ x́xx́ x́} & \left.\right\} \text{ a} \\
\text{x́ x́xx́x́} & \left.\right\} \text{ b} \\
\text{xx́xx́xx́} & \left.\right\} \text{ b}
\end{array}
$$

Aber ein solches Schema ist nur eine Art Canevas, eine Hilfskonstruktion, auf der sich die eigentliche Begegnung zwischen Sprache und Rhythmus zu dem Neuen des Versgebildes vollzieht. Denn nicht immer sind die Hebungen gleich stark wie in Kinderreimen. Wenn Sie die ersten Verse der *Iphigenie* sprechen:

> Heraus in eure Schatten, rege Wipfel
> des alten, heil'gen, dicht belaubten Haines . . .

spüren Sie sofort, daß Sie ins Leiern geraten, wenn Sie die Hebungen immer gleich stark betonen. Das Ziel des Verses kann nicht sein, die exakte Regelmäßigkeit zu erlangen, die immer unlebendig ist. Das Metrum mag das unterliegende Schema sein. Das eigentlich tragende Element des Verses ist der Rhythmus.

Eine Versgeschichte wird es sich also zur Aufgabe machen, dem Verhältnis von Metrum, Sprache und Rhythmus besonders in den Werken nachzugehen, die zukunftweisend in der Fülle der möglichen Lösungen waren. Sie wird sodann den Wandel des Canevas verfolgen und sehen, welche Zeilengliederungen im geschichtlichen Verlauf auftauchen oder untergehen, welche Gruppen, Strophen und Gedichtformen überkommen sind, welche tradiert, aufgenommen, gewandelt werden oder auch wieder verloren gehen. Eine deutsche Versgeschichte wird aufzuspüren suchen, aus welchen Kulturkreisen neue Bereicherungen genommen werden, und ob eventuell ganz neue Formen im deutschen Kulturraum entstehen.

In diesem Zusammenhang ist gleich festzustellen, daß nur wenige Versformen, die wir im Lauf der Jahrhunderte antreffen, eigenständig deutsch sind. Die Verflochtenheit der abendländischen Kultur und dieser wieder mit der Antike tritt gerade hier sehr deutlich zutage. Jede Epoche befruchtet sich im Kontakt mit den Nachbarkulturen und mit älteren Kulturformen, auf die sie zurückgreift. Allerdings ist ein entscheidender, wurzelhafter Unterschied hervorzuheben, der den deutschen oder besser den germanischen Vers in seinen Ansätzen doch von dem Vers der Antike und der Romania trennt: unser System der Verszählung ist akzentuierend, das antike wie das romanische System ist quantitierend. Im Deutschen sprechen wir von Hebungen und Senkungen, die Antike ordnete ihre Verse nach Länge und Kürze der Silben. Der Grund für diese verschiedene Behandlung liegt in der Struktur der Sprachen selber. Die germanischen Sprachen akzentuieren auch schon in der Prosa stärker als die romanischen Sprachen und das Griechische. Dieser Umstand hat der Rezeption der antiken Metrik im Deutschen Schwierigkeiten gemacht, die Generationen von Dichtern immer wieder beschäftigt haben und von denen wir noch vielfach sprechen werden.

Nach dieser allgemeinen Besinnung auf den Vers an sich wenden wir uns in der nächsten Stunde unmittelbar unserem Thema und zunächst dem Vers des 16. Jahrhunderts zu.

Meine Damen und Herren!

Wenn wir uns nun nach der allgemeinen Besinnung auf das Wesen des Verses dem Vers des 16. Jahrhunderts als unserem Ausgangspunkt zuwenden, so stellt sich zunächst die Frage: Wo finden wir überhaupt Verse in der deutschen Literatur des 16. Jahrhunderts? Wir finden sie auf der einen Seite im Lied, d.h. in den Dichtungen, die für die Vertonung bestimmt sind. Es sind da gleich drei Arten liedhaften Dichtens zu unterscheiden: das Meisterlied, das Kirchenlied, das allerdings im wesentlichen im Fahrwasser des Meisterlieds zieht, und dann das Volkslied mit seiner ganz anders gearteten Struktur. Dann finden wir den Vers in der Sprechdichtung, d.h. im Spruch – und damit befinden wir uns wieder in der geistigen Welt des Meistergesangs –, in der Fabeldichtung, also in erzählender Dichtung, außerdem in der dramatischen Literatur, im Fastnachtsspiel und im Reformationsdrama.

Wir wenden uns zunächst dem Lied zu und suchen es in der literarisch führenden Schicht, bei den Meistersingern, auf: Eine Art Poetik des Meistersangs finden Sie in Adam Puschmans *Gründlichem Bericht des deutschen Meistersangs*. Das Lied bei den Meistersingern ist gereimt; es arbeitet mit der Einheit der Zeile, nach jeder Zeile erfolgt eine Atempause: «Zween Reimen in einem Atem straft man für 4 Syllaben». Es baut die Zeilen zu Strophengefügen von ganz verschiedener Länge zusammen. Wir finden dort Strophen bis zu 66 Zeilen wie etwa in Hans Sachs' «überlangem Ton», ja Strophen von 80 und 100 Zeilen. Diese Strophen sind gewöhnlich dreiteilig; sie bestehen aus zwei gleich gebauten Stollen, die den Aufgesang bilden; der dritte Teil des Gedichtes, der länger ist als je einer der ersten beiden, bildet dann den Abgesang. Aber es ist deutlich, daß bei Strophen von 66 oder 100 Zeilen diese Ordnungen auf dem Papier stehen und nicht mehr vom Gehör wahrgenommen werden können. – Das Überraschendste für uns an den Versgebilden des Meistersangs ist nun freilich, daß die Zeilen nach Silben gezählt werden, also innerhalb der Zeile eine streng vorgeschriebene Ordnung herrscht, und weiterhin, daß beim Lesen nun die sprachliche Ordnung in das Auf und Ab des alternierenden Verses gebracht wird. Eine betonte Silbe, eine unbetonte, eine betonte, in starrer Regelmäßigkeit. Das geschieht zu un-

serer Befremdung ohne Rücksicht auf die natürliche sprachliche Betonung der Wörter. Den Wörtern wird das strenge Schema des Alternie-
rens aufgepreßt, ein Vorgang, der zu so überraschenden Betonungen
führt wie:

> als mán abér erwáhlet
> fünfzéhenhúndert záhlet
> und néunzehén Jahr féin
> machét er dás Meistérstück séin.

Bei einem solchen Befund liegt es nahe, daß die Forschung zu ermitteln versucht hat, wie es zu einer so sprachfremden Handhabung
des Verses hat kommen können. Man hat Einflüsse aus der lateinischen und französischen Dichtung vermutet. Heute neigt man mehr
dazu, den eigentlichen Grund in der Melodie zu sehen, die sich dem
Wort im Lauf der Jahrhunderte selbstherrlich übergeordnet hat. Das
Wort gilt nichts gegenüber der Melodie; die Texte wären demnach
nur als Rohmaterial für die Vertonung geschrieben. Untersuchungen
darüber, ob die Melodien im Stande waren, solche Härten zu mil-
dern, sind noch nicht abgeschlossen. Persönlich glaube ich nicht so
sehr an die Milderung der Tonbeugung durch die Musik; ich brauche
Sie nur daran zu erinnern, daß wir ja auch heute noch beim Singen
eines Liedes bereit sind, Betonungen hinzunehmen, die uns beim
Sprechen unnatürlich wären. – Das Kirchenlied stellt sich in dieser
Hinsicht ganz in den Bannkreis des Meisterliedes; d.h. auch das Kirchenlied hat bei mündlichem Vortrag solche schroffen Tonbeugungen
und überläßt es der Melodie, da vielleicht auszugleichen. Ich brauche
nur das Ihnen allen bekannte Beispiel zu wählen: *Ein feste Burg ist
unser Gott*. Darin korrespondieren Zeilen wie: «Fragst du, wer der
ist?» Oder «Nehmen sie den Leib» mit Zeilen wie: «Der Fürst dieser
Welt» oder «Der alt-böse Feind». Bei dem sonst jambischen Fluß des
Liedes muß also notwendig gelesen werden: «Fragst dú, wer dér íst»,
oder «Nehmén sie dén Léib». Das heißt also: Luther wie alle Kirchen-
lieddichter bis hin zu Opitz und gelegentlich noch über Opitz hinaus
stellen sich unter die Poetik des Meistersangs und erlauben sich solche
Tonbeugungen. Noch ein Ihnen bekanntes Beispiel von Nicolai:
«Wie schön leuchtét der Mórgenstérn ...» In anderen Zeilen, die an
entsprechender Stelle der Strophe stehen, kann die Betonung durchaus
natürlich sein. Tonbeugungen im protestantischen Kirchenlied finden
Sie im ganzen 16. und beginnenden 17. Jahrhundert.

Ganz anders liegen nun die Dinge beim Volkslied. Meine Damen und Herren! – indem wir nun vom Volkslied sprechen, stoßen wir auf ein anderes rhythmisches Sprachgefühl. Wir berühren damit zum ersten Mal die beiden Pole, zwischen denen die gesamte deutsche Versgeschichte eingespannt ist: Auf der einen Seite steht eine formstrenge Betonung, ein strenges Bauen, wie es für den Meistersang und das Kirchenlied kennzeichnend ist. Gegenpolig dazu stehen nun Versgebilde, in denen der Vers fließt, schwebt, elastisch ist wie etwa im Volkslied. Das entscheidende Kennzeichen des Volksliedes ist: es zählt in seinen Zeilen nicht Silben, sondern es füllt die Abstände zwischen den Betonungen frei aus. Zwischen den Betonungen können eine, zwei oder sogar drei Silben stehen, andererseits können zwei Betonungen unmittelbar aneinanderstoßen. Der Auftakt kann stehen, muß aber nicht stehen. Er kann ein-, zwei-, drei- und sogar viersilbig sein. Das sind Freiheiten, die sich das Volkslied wahrt. Sie kennen alle Volkslieder wie «Jetzt gang i an's Brünnele, trink aber net ...» An der entsprechenden Stelle einer anderen Strophe heißt es: «Jetz kauf i mir Dinten und Fedr und Papier». Dem «trink aber net» entspricht also in dieser Strophe «und Fedr und Papier». Sie sehen: einmal Auftakt, das andere Mal kein Auftakt, einmal zweisilbige Senkung, das andere Mal dreisilbige Senkung: «Fedr und Papier». Dergleichen erlaubt sich das Volkslied. Wir wissen ja alle vom Singen her, wie wir uns da helfen, indem wir eine Viertelnote in zwei Achtelnoten auflösen oder zwei Achtel in einer Triole singen. «Wenn ich ein Vöglein wär ...», entsprechende Zeile: «Es vergeht kein' Stund in der Nacht ...», da lösen wir das eine Viertel der Senkung in zwei Achtel auf und machen so die Zeile singbar.

Die Volksliedstrophe ist nicht ausschließlich aber überwiegend vierzeilig, das heißt, auch im Strophenbau unterscheidet sich das Volkslied vom Meistersang. Es zeigt nicht den dreiteiligen Bau: 1. Stollen, 2. Stollen, Abgesang, sondern eher einen zweiteiligen Strophenbau: erste Hälfte, zweite Hälfte. Vier- oder dreihebige Zeilen herrschen vor. Diese lockere, fließende, geschmeidige Fügung des Verses geht auf eine alte Tradition zurück. Wir finden sie im frühhöfischen Minnesang in Versen wie etwa dem folgenden:

Und wás im sín gevíderé
Áll rót gúldín.

In der 2. Zeile gibt es hier nur vier Hebungen und keine einzige Senkung. Das ist dieselbe Freiheit, die wir beim Volkslied des 15. und 16. Jahrhunderts beobachten. Die moderne Forschung hat nun eine Vermutung Ludwig Uhlands bestätigt, daß zwischen der phänotypischen Gleichheit zwischen frühhöfischem Minnesang und späterem Volkslied ein genetischer Zusammenhang besteht. Wir müssen heute annehmen, daß unterhalb der höfischen Dichtung, der offiziellen Literatur also, die immer mehr dem Alternieren zustrebt (seit Konrad von Würzburg sind die Verse der mittelhochdeutschen Erzählungen regelmäßig alternierend), daß also unterhalb dieser Literatur ein Strom dahinfließt, in dem die alten Freiheiten gewahrt bleiben, und daß dieser Strom ins Volkslied mündet. Wir sollten uns aber von einer Wertung freihalten, als sei das formstrenge Alternieren eigentlich «undeutsch», und als fänden wir das «Deutsche» *nur* in diesem unterirdischen Strom, der im Volkslied an die Oberfläche tritt. Betrachten Sie die Geschichte des deutschen Verses immer, durch alle Jahrhunderte als eine Geschichte zwischen den beiden Polen der Formenstrenge, der Systematik, des Zwanges auf der einen und dem beweglichen Fließen auf der anderen Seite, das zunächst außerhalb des offiziellen literarischen Lebens sein Dasein führt.

Auch im 16. Jahrhundert ist das Volkslied ja weitgehend unterliterarisch. Wir kennen kaum einen Dichter, während die Poeten der offiziellen Literatur – denken Sie nur an Hans Sachs – ihre Gedichte höchst selbstbewußt am Ende mit Namen zeichnen. Trotzdem scheint uns heute die von Herder stammende Bezeichnung «Volkslied» etwas bedenklich. Sammlungen wie: Forsters *Frische Teutsche Liedlein* oder das *Liederbuch der Clara Hätzlerin* enthalten ja nicht Lieder des Volkes als Gesamtheit, sondern Lieder bestimmter Stände: Soldatenlieder, Jägerlieder, Bergmannslieder, und selbst die Liebeslieder müssen wir uns wohl auf den Kreis städtischer Sänger beschränkt denken. Es handelt sich also in diesen Sammlungen vorwiegend um städtische Lieder; Arbeitslieder der Bauern auf dem Felde fehlen fast ganz.

Gewiß gibt es im 16. Jahrhundert auch Zusammenhänge zwischen der unterliterarischen Strömung des Volksliedes und der offiziellen Dichtung. Für die Zusammenhänge zwischen Kirchenlied und Volkslied sind deutlichstes Symptom die sogenannten Kontrafakturen, d. h. die Erscheinung, daß ein Kirchenlied nach der Melodie, also auch nach dem Vers eines Volksliedes gedichtet wird, oder ein Volkslied die Melodie eines Kirchenliedes übernimmt. Aber das bedeutet keineswegs, daß das Volkslied irgendwelche literarische, dichterische Geltung hat und mit seiner Verskunst vorbildlich wirkt. Es war späteren Jahrhunderten vorbehalten, die literarischen Möglichkeiten des Volksliedes zu erkennen und den deutschen Vers von daher wieder in eine Entscheidung zu stellen.

Wir wenden uns nach der Betrachtung der Lieddichtung der Sprechdichtung des 16. Jahrhunderts zu, d. h. also den Versgebilden, die nicht auf die Musik als die eigentliche Erfüllerin ihres rhythmischen Gefüges bezogen sind, sondern selbständig leben, Sprechversen also, wie wir sie in der Spruchdichtung des Meistersangs, in der Fabeldichtung, der Erzählkunst, im Fastnachtspiel und im Reformationsdrama finden. Der beherrschende Vers dieser Sprechdichtung ist der sogenannte Knittelvers. Knittel ist ein Ausdruck, der – im 17. Jahrhundert als Schimpfwort geprägt – die Kunst der Meistersinger abwerten und treffen sollte. Der Knittelvers begegnet uns von Anfang an in zwei Formen, die wieder von den beiden Polen her verständlich sind: auf der einen Seite ein fließender, freierer Knittel, der keine Silben zählt, frei füllt und das Gerüst der vier Hebungen und des Reimes, der zwei aufeinander folgende Zeilen miteinander verbindet, zum freien Füllen benutzt. Das ist der Knittelvers, wie wir ihn bei Rosenplüt, bei Hans Folz finden und wie er später im 18. Jahrhundert von dem jungen Goethe und von den Stürmern und Drängern wieder aufgenommen wird: «Habe nun, ach! Philosophie ...» Derselbe Vers heißt im Urfaust: «Hab nun, ach, die Philosophei ...» Sie sehen, trotz der Verschiebungen an zwei Stellen bleibt die gleiche Struktur erhalten: vierhebige Verse, paarweise gereimt, die Füllung dazwischen völlig frei. Daneben gibt es aber nun den strengen Knittel, der die Silben zählt, so daß in jedem Vers bei männlichem Ausgang acht, bei weiblichem Ausgang neun Silben zu finden sind, und der zudem wieder streng alternierend ist. Er galt in seiner Zeit als höher, kunstvoller, gelehrter. Wie ist dieser Vers nun gelesen worden? Es gibt eine Reihe von Dichtern – zu ihnen gehören Hutten, der Fabeldichter Erasmus Alberus oder Frischlin, deren Verse Sie alternierend lesen können, da sich auf etwa hundert Verse im Durchschnitt nur eine Tonbeugung findet, eine Verhältniszahl, die etwa der in der modernen Dichtung entspricht. Daneben steht eine andere Gruppe von

Dichtern wie etwa der Fabeldichter Burkhard Waldis, Fischart und vor allen Dingen Hans Sachs. Die Verse dieser Dichter kann man nicht alternierend lesen, ohne dauernd auf Tonbeugungen, d. h. also auf Verletzungen des natürlichen Wortakzentes zu stoßen. Ich lese die ersten Zeilen vom Fastnachtsspiel mit drei Personen *Der farendt Schuler im Paradeiß:* Ich lese alternierend:

> Ach, wíe manchén seufftzén ich séngk,
> Wenn ích vergángner zéit gedéngk,
> Da nóch Lebét mein érster Mán,
> Den ích je lénger liéb gewán,
> Dergléich er mích auch wíederúmb
> Wannér war éinfeltíg und frúmb.
> Mit jm ist áll mein fréwdt gestórben,
> Wie wól mich hát ein ándr erwórben.
> Der íst meimb érsten gár ungléich,
> Er íst karg únd wil wérden Réich.
> Er krátzt und spárdt zusám das gút,
> Hab béy jm wéder fréwdt noch mút.
> Gott gnád noch méinem Mán, dem álten,
> Der mích viel fréundtlichér thet hálten.

Sie hören, es gibt viele Zeilen, die können wir lesen, ohne daß eine Tonbeugung auftritt. Daneben stehen andere, in denen sich vielleicht eine einzige Tonbeugung findet wie: «Der ist meimb ersten gár ungleich», und dann wieder Zeilen, in denen sich die Tonbeugungen häufen wie z. B. in der ersten Zeile «Ach, wié manchén seufftzén ich sengk». Und damit stehen wir vor dem Problem, das die Forschung seit der wissenschaftlichen Beschäftigung mit diesen Sprachgebilden erregt: Wie sind diese Knittel des Hans Sachs gelesen worden?

Ich muß Ihnen gestehen, daß die Forschung auch heute noch zu keiner einhelligen Meinung gekommen ist. Die alte Kontroverse lebt noch fort. Die ersten Wortführer auf der einen Seite waren Zarncke und Drescher, auf der anderen Seite stand Andreas Heusler. Zarncke und Drescher vertraten die These: Auch diese Sprechverse sind alternierend gelesen worden. Heusler hält das für unmöglich und meint, sie wären wägend gelesen worden. Beim Schreiben hätte der Dichter wohl die Silben gezählt, beim Vortrag wägend gesprochen. Sie sehen die Konsequenzen sofort ein: damit wird ja der

Knittelvers in seiner Grundstruktur unter Umständen zerstört. Dann haben wir vielleicht in einer Zeile nur drei, in einer anderen vielleicht fünf Hebungen. Heusler argumentiert nun folgendermaßen: «Diese Verse hören doch wohl auf, deutschen Ohren verständlich zu sein. Und die Verständlichkeit, sollte man denken, ordnet sich gebieterisch Schwankungen des Schönfindens über ... Den Vortrag von Versen, die wirklich erklingen wollten, können wir uns nicht in dem Grade unwägend, also undeutsch, denken.» Vielleicht steigt Ihnen bei dieser Art der Argumentation schon ein gewisser Zweifel auf. Ich will Ihnen die Argumente der einen wie der anderen Seite nicht im einzelnen vorführen, sondern Ihnen nur ein paar Hinweise geben. Persönlich neige ich übrigens wie die Mehrzahl der heutigen Verswissenschaftler, darunter auch Ulrich Pretzel, dazu, Heusler Unrecht zu geben und doch anzunehmen, daß die Verse alternierend gelesen worden sind. Ein entscheidendes Argument ergibt sich aus dem Reim: Das Reimwort auf die Zeile, die endet: «... ungleich» heißt: «... reich». In diesem Falle, also am Ende der Zeile *muß* Hans Sachs also – und das wird auch Heusler zugeben müssen – «ungleich» gelesen haben. So liest Hans Sachs vom Ende her verstanden immer wieder: «Weishéit», «Wirtsháus», «Elénd», «Ungláub», «Schlaftrúnk». Der Reim verbietet die wägende Betonung am Ende. – Ein weiteres Argument ist die Tatsache, daß Hans Sachs viele seiner Lieder in Sprüche umgeschrieben hat, ohne die Struktur der Betonungen anzutasten. Das beweist doch wohl, daß die Spruchdichtung unter den gleichen Betonungsgesetzen wie die Lieddichtung gestanden hat. Und da Heusler für die Lieddichtung das Alternieren zugibt, müßte er es also wohl auch für die Sprechdichtung gelten lassen. Aber selbst wenn wir so als Historiker für diese Verse ursprünglich das Alternieren annehmen müssen, so darf ich Sie doch bitten, sich später als Lehrer, wenn Sie mit Ihren Klassen Hans Sachs aufführen, die Freiheit zu bewahren, Ihre Schüler mit schwebender oder sogar grundsätzlich mit natürlicher Betonung lesen zu lassen.

Im ganzen sehen wir also: Der deutsche Vers steht im 16. Jahrhundert vor der Entscheidung: Wird er die metrische Schematisierung gegen die Sprache durchführen oder nicht? Unmöglich schien der erste Weg ja durchaus nicht; denn wir haben ja im antiken wie im romanischen Vers Beispiele dafür, wie sich eine äußere Ordnung über die natürliche Sprachordnung legen kann. Beim deutschen Vers ist die Entscheidung eindeutig gegen diese Möglichkeit gefallen. Allerdings geschah das nicht von unten her, d. h. nicht etwa durch das Einsickern der Verskunst des Volksliedes, sondern durch eine bewußte, die kunstbewußte Entscheidung des Martin Opitz. Das Wägen hat in der deutschen Versgeschichte gesiegt. Und nun darf man vielleicht doch sagen: gesiegt hat damit der Geist der deutschen Sprache. Denn verglichen mit der französischen Sprache etwa, dem Sprechen der romanischen Völker überhaupt, akzentuiert ja die deutsche Sprache schon in der Prosa viel kräftiger. Aus dem allmählich bewußter werdenden Gefühl für diese Gegebenheit hat sich wohl für den deutschen Vers – wie für den germanischen Vers überhaupt – die Übereinstimmung von Wortakzent und Versakzent durchgesetzt. Damit stehen wir aber schon in einem neuen Abschnitt der deutschen Versgeschichte, in dem Abschnitt von der Erneuerung des deutschen Verses durch Opitz.

Meine Damen und Herren!

Die Literaturgeschichte setzt, wenn sie zum 17. Jahrhundert kommt, vor Opitz noch ein besonderes Kapitel an, eine Vorbereitung gleichsam auf die neue Kunst, und überschreibt dieses Kapitel: das Gesellschaftslied. Im Jahre 1576 erscheinen nämlich von Regnart, einem geborenen Niederländer, – und die Niederländer waren damals in der Musik führend – *Kurtzweilige teutsche Lieder zu dreien Stimmen nach Art der neapolitanen oder welschen Villanellen*. Villanelle bedeutet übersetzt Bauernliedchen. Das Kennzeichen der Villanelle ist die Dreistimmigkeit. Sie ist gesetzt für zwei Soprane und eine Baßstimme. Regnart hat die Villanelle aus der italienischen Musik übernommen und sie 1576 in Deutschland eingeführt. Das ist zugleich ein musikalisches und literar-historisches Ereignis; denn Regnart übernimmt in seinen Texten zugleich die italienische Renaissance-Dichtung mit ihrer Motivik der antiken Mythologie, mit dem System der petrarkistischen Liebesdichtung, das gekennzeichnet ist durch den Kampf eines Ich mit einem Du in der festen Rollenfügung eines Sprechers und einer Angesprochenen. Zu dieser Liebesdichtung gehört der ganze Motiv- und Metaphernapparat, der für die Beschreibung der Schönheit der Geliebten in Bewegung gesetzt wird, und der dann für das 17. Jahrhundert so kennzeichnend werden soll. All das dringt in diesem Jahr mit der Renaissancedichtung und der neuen Musik in Deutschland ein. Wir kennen recht genau die Kreise, die diese neue Liedform aufgenommen haben; denn sogleich stellt sich neben Regnart eine Fülle von gleichgesinnten Lieddichtern, zu denen Haßler, Orlando di Lasso und viele andere gehören. Diese Lieder sind in der Motivik und in der Struktur alle gleichartig. Sie werden nicht auf der Straße gesungen, sondern von kleinen musikalischen – wir würden heute sagen – Kränzchen gepflegt. Dank der Dissertation von Uwe Martin *Historische und stilkritische Studien zu Leonhard Lechners Strophenliedern*, Göttingen 1957, kennen wir diese Kreise recht genau. Martin entwirft uns dort ein anschauliches Bild von dem Nürnberg um 1600. Dort gibt es solche musikalischen Kränzchen, zu denen hohe Standespersonen, ratsfähige Familien und Musiker gehören. Sie unterwerfen sich einer strengen, durch Satzungen festgelegten Ordnung; unentschuldigtes Fehlen bei den

Sitzungen wird überaus streng bestraft. Man tagt reihum; selbst die Bewirtung ist vorgeschrieben. In solchen Gruppen also wird das neue Gesellschaftslied zu drei Stimmen, die Villanelle, gedichtet, komponiert, gesungen. Diese neuen Kreise führen also aus dem Meistersang heraus und zugleich vom Volkslied fort. Wir befinden uns hier mitten im kultivierten Patriziat der Städte. Aber, so müssen wir im Rahmen einer Versgeschichte hinzufügen, so wichtig diese Dichtung für die Stilgeschichte und die Soziologie ist, für die Versgeschichte bedeutet sie weniger; denn die Handhabung des Verses bleibt bei der alten Metrik, bei den Tonbeugungen stehen, sie bringt noch keine Neuerung im Verhältnis zwischen Wort- und Versakzent. Der große Eingriff in den deutschen Vers erfolgt erst durch Martin Opitz in seinem *Buch von der deutschen Poeterei* (1624). Ich lese Ihnen daraus die entscheidenden Sätze, die eine Wendung in der Geschichte des deutschen Verses brachten, vor:

«Nachmals ist auch ein jeder verß entweder ein iambicus oder trochaicus: nicht zwar das wir auff art der Griechen und Lateiner eine gewisse größe (er meint Länge) der sylben können inn acht nehmen; sondern das wir aus den accenten unnd dem thone erkennen, welche sylbe hoch und welche niedrig (er meint betont und unbetont) gesetzt soll werden.

Ein Jambus ist dieser: «Erhalt uns Herr bey deinem wort» – Der folgende ein Trochéus: «Mitten wir im leben sind». Dann in dem ersten verse die erste sylbe niedrig, die andere hoch, die dritte niedrig, die vierde hoch, usf. in dem anderen verse die erste sylbe hoch, die andere niedrig, die dritte hoch, ... ausgesprochen werden. Wiewol nun meines wissens noch niemand, ich auch vor der zeit selber nicht, dieses genawe in acht genomen, scheinet es doch so hoch von nöthen zue sein, als hoch von nöthen ist, das die Lateiner nach den quantitatibus oder größen der sylben ihre verse richten und reguliren. Denn es gar einen übelen klang hat: «Venus die hat Juno nicht vermocht zue obsiegen»; weil «Venus» und «Juno» Jambische, «vermocht« ein Trochéisch wort sein soll; «obsiegen» aber, weil die erste sylbe hoch, die andern zwo niedrig sein, hat eben den thon welchen bei den lateinern der dactylus hat, der sich ... in unsere sprache ... so wenig zwingen lesst, als castitas, pulchritudo und dergleichen in die lateinischen hexametros und pentametros zue bringen sind».

Der Abschnitt besagt also zweierlei. Zunächst: Opitz läßt als deutsche Verse nur den Jambus und den Trochäus gelten, d.h. nur den streng alternierenden Vers, in dem eine Silbe betont, die nächste dann notwendiger Weise unbetont ist. Ob es Jamben oder Trochäen sind, hängt vom Auftakt ab. Opitz läßt nicht die zweisilbige Senkung zu, eine Verengung der Versmöglichkeiten tritt ein. Mit besonderer Schärfe wendet sich Opitz metrisch wie stilistisch gegen das Volkslied und seine freiere Art. Zweitens: Opitz erkennt, daß viele deutsche Wörter sich nicht in dieses Schema pressen lassen, wie z.B. «obsiegen», wo die erste Silbe betont, die beiden folgenden unbetont sind. Mit fast erschreckender Härte stellt Opitz fest: Diese Wörter sind nicht in den deutschen Vers zu bringen, und er weist darauf hin, daß im Lateinischen castitas und pulchritudo ebenfalls keinen Platz im Hexameter finden können. Er nimmt es also als gegeben hin, daß ein großer Teil des deutschen Wortbestandes nicht in die Verskunst eingehen kann, eine These, die allerdings schon von seinem eigenen Jahrhundert widerlegt wurde; denn noch im 17. Jahrhundert hat sich der deutsche Vers die Möglichkeit der zweisilbigen Senkung erobert.

Die von Opitz erhobene Forderung nach Übereinstimmung von Wort- und Versakzent ist aber zunächst nur etwas Äußerliches. Mit dieser Forderung entsteht zugleich eine bewußte Verskunst. Von nun an wird von dem Dichter verlangt, daß er die Regeln der Verskunst beherrsche. Selbst da, wo er Lieder dichtet, darf er von nun an nicht mehr auf die mildernde Kraft der Melodie vertrauen. Auch Lieder müssen vom verstechnischen Standpunkt aus jetzt fehlerfrei sein. Wer Lieder, wer Gebrauchslyrik, wer «Sauf- und Freßlieder» schreibt, um mit Arno Holz zu sprechen, muß zunächst ein Gedicht vorlegen, das metrisch als Sprechdichtung völlig in Ordnung ist. Die volle Autonomie der Wortkunst wird auch da verlangt, wo sie der Vertonung dient. Opitz selber hat in seinen *Teutschen Poemata* das Beispiel gegeben. Ein Teil seiner Gedichte sind Lieder. Er übernimmt französische und holländische Melodien, oder er vertraut darauf, daß sich Komponisten finden; er schreibt auch noch Gebrauchslyrik, wie sie für das ganze 17. Jahrhundert kennzeichnend ist. Immer erfüllt er aber die Forderung, daß auch die Lieddichtung als Sprechdichtung autonom richtig ist.

Etwa zur gleichen Zeit tritt aber eine entscheidende musikalische Neuerung auf. Sowohl das Gesellschaftslied, die Villanelle, wie das Volkslied wurden ja mehrstimmig gesungen. Auch heute ist es ja noch so, daß das Volkslied zur Mehrstimmigkeit – sei es auch nur in der bescheidenen Form der untergelegten Terz – drängt. In den zwanziger Jahren des 17. Jahrhunderts tritt nun etwas Neues in der Liedgeschichte in Erscheinung: das Sololied verlangt seinen Platz neben dem bis dahin mehrstimmig gesungenen Lied. Musikalisch steht das Erscheinen des Sololiedes mit der Verlegung der führenden Stimme vom Tenor in den Sopran in Zusammenhang, die allerdings schon in die sechziger Jahre des 16. Jahrhunderts fällt.

Das Sololied ist keine deutsche Erscheinung. Es taucht in Italien bereits früher auf. Es ist eine Form, die sich sieghaft durchsetzt und sich bis in die Gegenwart bewahrt hat. Sie alle kennen sie von Schubert-, Schumann- und Brahmsliedern. Das Entstehen dieser Kunstform in den zwanziger Jahren des 17. Jahrhunderts muß doch wohl als symptomatisch gewertet werden. Sie bedeutet einen tiefgreifenden Wandel auch in der Einstellung zum Text. Sie wissen ja von sich selber, daß Sie sich auch heute noch auf den Text eines mehrstimmig gesungenen Volksliedes anders einstellen als auf den Text eines Sololiedes. Offensichtlich steht der Text eines Sololiedes in einem anderen geistigen Klima, einem anderen geistigen Bezug, nämlich in Bezug auf den Singenden. Die Gestalt des Einzelnen als Sprecher solcher Liedkunst, als Sprecher solcher Dichtung wird nun beherrschend. Der Vorgang ist darüber hinaus symptomatisch für einen größeren Zusammenhang. Die uns immer wieder beschäftigende Problematik: wer ist das sprechende lyrische Ich? kann überhaupt erst Anfang dieses Jahrhunderts auftauchen. Verse wie die *Grabschrift* von Paul Fleming, die allerdings in seiner Zeit ein Extrem autobiographischer Mitteilung darstellt, sind überhaupt erst im 17. Jahrhundert denkbar:

> Ich war an Kunst und Gut und Stande groß und reich,
> des Glückes lieber Sohn, von Eltern guter Ehren,
> frei; meine, kunte mich aus meinen Mitteln nähren,
> mein Schall floh überweit, kein Landsmann sang mir gleich.

Aber auch in dem Rollenspiel, wie es für den Petrarkismus kennzeichnend ist, spricht ja ein bestimmtes Ich ein bestimmtes Du an. In den Liebesliedern des Volksliedes gibt es keinen bestimmten Sprecher, da geht es um die Aussprache der Gefühle des Liebesschmerzes, des Liebesglückes, des Abschiedsschmerzes, eine Aussprache, in die jeder einstimmen kann. Auch die Liebesdichtung wird also in diesem 17. Jahrhundert umstrukturiert.

Mit diesem Vorgang eng verbunden ist die andere Erscheinung, daß nun der, der da Verse spricht oder schreibt, von nun an der Dichter und zwar der gelehrte Dichter ist, der Verskunst und Stilistik beherrscht und der vor allem die Griechen und Römer kennt, die nun zum einzig maßgebenden Vorbild werden. Außerdem sind die, die diese neue Dichtung schaffen, zugleich auch ihre Beurteiler und Kritiker. Für unser literarisches Leben im 20. Jahrhundert ist es kennzeichnend, daß Produktion und Kritik offensichtlich zwei verschiedenen Menschentypen zugeordnet sind. Die literarischen Kritiker unserer großen Zeitungen brauchen keineswegs Dichter zu sein. Im literarischen Leben des 17. Jahrhunderts sind die Schaffenden zugleich die maßgebenden Sichter und Beurteiler. Sie finden diese Kritiken in den Poetiken; und die Poetiken selber, die Vers-, Stil- und Gattungslehren werden wiederum von den Dichtern selbst geschrieben. Das gesamte literarische Leben ist also einheitlich bei den Dichtern zusammengefaßt. So schreibt Harsdörffer, selbst ein Dichter, den *Poetischen Trichter*, Zesen, ein anderer Dichter, seinen *Hochdeutschen Helicon*. Und diese Dichter leben nun nicht für sich allein, so wie Paul Fleming es eben aussprach, sondern wir stoßen hier wiederum auf das Phaenomen der Gruppenbildung. Jetzt sind die Zentren aber nicht mehr die Meistersinger, auch nicht wie kurz zuvor die musikalischen Kränzchen, in denen doch vor allem der Musiker das Wort führte, sondern jetzt übernehmen die «Sprachgesellschaften» die literarische Führung. Die Bezeichnung «Sprachgesellschaften» deutet ja schon an, daß jetzt das dichterische Wort, der Vers autonom geworden ist und sich nicht mehr der Musik unterordnet. Sprachgesellschaften gibt es in Straßburg, in Köthen, in Nürnberg, in Hamburg mehrere. In diesen Gruppen finden sich die Schaffenden zusammen; hier werden die Normen aufgestellt und die Lehrbücher geschrieben. Dies alles sind die letzten Ausläufer der Opitzschen Dichtungsreform, und das ist zugleich der geistige und soziologische Hintergrund, auf dem wir diesen scheinbar äußerlichen Vorgang sehen müssen. Wir wollen nun im einzelnen verfolgen, wie Opitz selber sein Programm erfüllt hat und wie sich seine Reform in der Dichtung des 17. Jahrhunderts auswirkt.

Meine Damen und Herren!

In dem Augenblick, da Opitz im einzelnen über die Verszeilen spricht, die im Deutschen möglich sind, erwähnt er als ersten Vers den Alexandriner. Es gibt wohl kaum einen Vers, weder in der deutschen noch in einer anderen Versgeschichte, der eine solche Herrschaft ausgeübt hat wie der Alexandriner. Er war nicht nur der Vers für das Sonett und andere lyrische Formen, er war gleichzeitig das Versmaß für das Epos (wenn Tasso, wenn Ariost im 17. Jahrhundert ins Deutsche übersetzt werden, dann werden sie selbstverständlich in Alexandriner übertragen), und gleichzeitig ist er der beherrschende Vers des deutschen Dramas. Seinen Namen hat der Vers von der mittelalterlichen Alexander-Epik. Da sieht er zunächst noch etwas anders aus. Im Deutschen ist er nun also ein sechshebiger Vers mit einer straffen Zäsur nach der dritten Hebung, so daß – wie Sie alle erkennen – eine Zweihälftigkeit entsteht: dadám dadám dadám – dadám dadám dadám. Diese Zweiteilung lädt nun zu bestimmten Stilfiguren, speziell zur Antithese ein; sie verlangt überhaupt eine gedankliche Art des Sprechens.

Die Heuslersche These, daß der Alexandriner im Grunde ein achttaktiger, aus zwei Viertaktern zusammengesetzter Vers ist und darum dem «deutschen Versgefühl», das nach Heusler auf Viertaktigkeit angelegt ist, in besonderer Weise entgegenkommt, kann hier nicht diskutiert werden. Heusler kommt zu seiner These, indem er die Pause in der Zäsur und am Ende der Zeile als vollwertige Taktteile mitzählt. Ich möchte grundsätzlich darauf hinweisen, daß die Übertragung musikalischer Zeitwerte auf den Sprechvers der modernen Verswissenschaft wie auch mir selber äußerst problematisch ist. Bei aller Verehrung für Heuslers großes Werk scheint es uns heute unmöglich, die Silben des Sprechverses etwa als Viertel- oder Achtelnoten aufzufassen und die Pausen mit gleichwertigen Zeitwerten zu versehen. Verse sind rhythmisch viel unregelmäßiger als musikalische Gebilde; wir beschleunigen und verlangsamen. Die Pausen in der Zäsur oder am Ende der Zeile bieten noch ein weites Feld wissenschaftlicher Untersuchung. Ihre Zeitwerte sind wechselnd wie ihre Funktionen. Es kann durchaus den besonderen Reiz beispielsweise der Zäsur ausmachen, daß die Spannung der Zeile sich gerade über sie hinwegwölbt. Sie kann ebenso gut einen wirklichen Einschnitt mit deutlichem Pausenwert bedeuten.

Nach dieser kleinen grundsätzlichen Auseinandersetzung kehren wir nun zu Opitz zurück und wenden uns seiner Praxis, nämlich seinen *Teutschen Poemata* zu, die im gleichen Jahr 1624 erschienen und die nun die wirksamste Lyriksammlung des 17. Jahrhunderts geworden sind. Die Wirkung dieser Sammlung reicht noch bis ins 18. Jahrhundert hinein. Die *Teutschen Poemata* galten für alle Dichter in der Behandlung des Wortes, der Zeilen und der Strophen als Vorbild.

Bei Opitz herrscht die vierzeilige Strophe, in den Liedern immer wieder die vierhebige Zeile vor. Ein für Opitz' Verskunst typisches Beispiel ist folgendes Gedicht:

> Itzundt kompt die nacht herbey,
> Vieh und Menschen werden frey,
> Die gewünschte Ruh geht an,
> Mein sorge kompt heran.
>
> Schöne glentzt der Mondenschein,
> Und die güldnen Sternelein,
> Froh ist alles weit und breit,
> Ich nur bin in traurigkeit.
>
> ...
>
> Nach dem Monden frag ich nicht,
> Dunckel ist der Sternen licht,
> Weil sich von mir weggewendt,
> *Asteris*, mein Firmament.
>
> Wann sich aber naht zu mir
> Dieser meiner Sonnen zier,
> Acht ich es das beste sein,
> Dass kein Stern noch Monde schein.

Sie erkennen: vierzeilige Strophe, vierhebiger Vers und durchaus korrekte Akzentuierung. In der Tat, Wortakzent und Versakzent fallen zusammen. Aber wir stellen gleich die Frage: Sind es eigentlich gute Verse?

> Itzundt kompt die nacht herbey,
> Vieh und Menschen werden frey,

Die gewünschte Ruh geht an,
Mein sorge kompt heran.

Sie spüren, daß die Zeile als Einheit genau, ja zu stark funktioniert. Hier fehlt eben jene Spannung, die von einer Zeile in die nächste hinüberführt. Hier sind die Akzente regelmäßig gesetzt, aber es fehlt jener unterirdische rhythmische Strom, der nun alles trägt. «Schöne glentzt der Mondenschein / Und die güldnen Sternelein ...» Wie unverbunden die beiden Zeilen sind, sehen Sie schon an der Syntax, nämlich daß «glentzt» gleichzeitig das Prädikat zu «Und die güldnen Sternelein» sein muß. Wieviel rhythmischer wären die Zeilen geworden, hätte Opitz gesagt: «Schöne glänzt der Mondenschein / Und so manches Sternelein.» Dann hätte das Prädikat «glänzt» die beiden Zeilen spannungsmäßig zusammengehalten, dann wäre jener Versus, die Kehre, das Hin und Zurück des Bauern, der die Furche pflügt und an den Anfang zurückkehrt, spürbar geworden, und der Verscharakter wäre erfüllt gewesen. Der Verscharakter ist nicht da, wo die einzelne Zeile in Ordnung ist, sondern wo zwischen zwei Zeilen eine Spannung besteht. «Nach dem Monden frag ich nicht / Dunckel ist der Sternen licht.» Wie leicht wäre es auch da wieder gewesen, eine Spannung zwischen den beiden Zeilen zu erzeugen und damit den ryhthmischen, unterirdischen Fluß, der trägt: «Mondenschein erglänzt mir nicht / Dunkel ist der Sterne Licht.» Dann wäre die Parallelität, die Gleichheit von Hin- und Rückweg, die Entsprechung der beiden Furchen gegeben. Gut sind ja nun die beiden nächsten Zeilen: «Weil sich von mir weggewendt / Asteris, mein Firmament.» Da spüren Sie die Spannung von der ersten Zeile: «Weil sich von mir weggewendt» zu der zweiten: «Asteris, mein Firmament.» Die anderen Verse sind typische Beispiele für die einfache, man kann kaum sagen bauende, sondern eben messende, korrekt erfüllende Art des Opitz. Es steigt dabei die Vermutung auf, daß ihm das eigentlich rhythmische Gefühl des Dichters fehlt.

Aber Opitz kann auch kühner sein. Als Probe gebe ich Ihnen eine Strophenform, die nun das 17. Jahrhundert begeistert hat. Kaum ein Lyriker, der diese Strophenform nicht nachgeahmt hätte; und das ist sehr verständlich, da die Strophe in sich Spannung besitzt. Wir haben zunächst zwei Langzeilen, zwei Alexandriner und dann vier kürzere Zeilen, und die dadurch entstehende Spannung gibt der Strophe einen besonderen Reiz:

Ihr schwartzen augen, ihr, und du, auch schwartzes Haar,
Der frischen Flavia, die vor mein hertze war,
    Auff die ich pflag zuerichten,
    Mehr als ein weiser soll,
    Mein schreiben, thun und tichten,
    Gehabt euch jetzundt wol.

Nicht gerne sprech' ich so, ruff' auch zue zeugen an
Dich, Venus, unnd dein kindt, das ich gewiss hieran
    Die minste schuldt nicht trage;
    Ja alles kummers voll
    Mich stündlich kränck' und plage
    Das ich sie lassen soll.

Ihr Parcen, die ihr uns das thun des lebens spinnt,
Gebt mir und ihr das, was ich ihr und sie mir gönnt,
    Weil ichs ja soll erfüllen,
    Soll zähmen meinen fuss
    Und wider lust und willen
    Auch nachmals sagen muss …

Sie hören es schon an der Schallform: die Alexandriner werden ruhiger, feierlicher gesprochen, die kürzeren Verse schneller. Wir kennen die Eignung des Alexandriners zur Anrede. Und wenn Sie die einzelnen Strophen des Gedichtes durchgehen, so sehen Sie: jedesmal finden Sie in den Alexandrinern eine Anrede: «Ihr schwartzen augen», «Dich, Venus», «Ihr Parcen». Wir erkennen nun auch, warum der Alexandriner ein so dramatischer Vers werden konnte, eben weil er dem gehobenen An-Sprechen Raum und Möglichkeit zur Entfaltung gibt. Aber wieder vermissen wir bei Opitz bei näherem Prüfen das rhythmische Gefühl:

Ihr schwartzen augen, ihr, und du, auch schwartzes Haar,
Der frischen Flavia, die vor mein hertze war,
    Auff die ich pflag zuerichten,
    Mehr als ein weiser soll …

Dieses «Mehr als ein weiser soll» steht doch wieder völlig isoliert, zerbricht allen Zusammenhang. Die Halbverse und die Zeilen sind wieder korrekt erfüllt, abermals fehlt aber das Fließende zwischen ihnen.

«Nicht gerne sprech' ich so, ruff' auch zue zeugen an / Dich, Venus, und dein kindt, das ich gewiss hieran ...»: da fehlt der Rhythmus. «Ihr Parcen, die ihr uns das Tun des Lebens spinnt» (das ist gut) «Gebt mir und ihr das, was ich ihr und sie mir gönnt»: Wer so etwas schreiben kann, wer so etwas bei der Korrektur stehen lassen kann, wer so etwas in der zweiten Auflage noch stehen lassen kann ..., dem fehlt es einfach an rhythmischem Gefühl. Es ist leicht zu erkennen, worauf die Schwächen dieses Verses beruhen: Opitz reiht einsilbige Wörter. Für jeden angehenden Dichter sind Zeilen, die aus einsilbigen Wörtern bestehen, eine große Gefahr, es sei denn, er wünschte gerade den spröden Ton und gebrauchte sie als bewußtes Kunstmittel. Dieser Fehler wird bei Opitz noch dadurch verstärkt, daß die einsilbigen Wörter, die den Akzent tragen sollen, keineswegs bedeutungsvoll sind. Opitz könnte natürlich erwidern: «mir», «ihr», «was», sind durchaus akzentfähige Wörter. Aber es wird sofort deutlich, daß die Wörter, die dazwischen stehen, ebenso gewichtig sind. Das heißt aber, von der Sprache kommt keine Anweisung, wo die Akzente liegen sollen. Und so entstehen diese rein gedachten Verse, in denen erst die Ratio den richtigen Akzent setzen kann.

Als Beispiel dafür, wie vollendet diese Strophe später nun von einem Virtuosen der Verskunst um die Jahrhundertmitte verwandt wird, sei ein Gedicht von David Schirmer dagegen gestellt:

> Ihr Augen voller Brunst und du, du Purpur-Mund,
> Der braunen Suavien, die mir oft raten kunnt,
>> Und du, der weißen Auen
>> Benelkte Wangenzier:
>> Pfleg' ich euch anzuschauen,
>> Ist nichts als Lust bei mir.
>
> Dich, Venus, und dein Kind ruf' ich zum Zeugen an,
> Daß meiner Suavien ich bleibe zugetan.
>> Weil man mich wird behalten
>> Der greisen Ewigkeit,
>> Soll nichts an mir erkalten,
>> Mein Herz brennt allbereit.

Hier sind die Schwächen des Opitzschen Verses überwunden; hier geht die tragende Spannung von einer Zeile in die andere über. Schirmer besitzt vor allen Dingen das, was Opitz abgeht: rhythmisches Gefühl.

Mit Schirmer aber befinden wir uns schon in der zweiten Jahrhunderthälfte, die die Möglichkeiten des Opitzschen Verses bedeutend erweitert hat. Als Beispiel für die im Verlauf des Jahrhunderts sich steigernde Virtuosität sei das Gedicht eines anderen Kenners und Könners Kaspar Stieler gebracht, das die Opitzsche Strophe auf interessante Weise variiert:

> Die Nacht,
> die sonst den Buhlern fügt und süße Hoffnung macht,
> Die Ruh,
> die einem Liebenden sagt alle Wollust zu,
> Bringt mir nur lauter Schmerzen
> Und raubet mir das Licht,
> Das meinem trüben Herzen
> Des Trostes Strahl verspricht.

Sie sehen, hier ist noch etwas anderes geschehen: um die Feierlichkeit, die Gehaltenheit der ersten beiden Zeilen zu betonen, setzt Stieler noch einen Takt voran: «die Nacht», dann erst folgt der Alexandriner. Virtuos wird nun das vorangestellte Leitwort «die Nacht» mit dem Schluß des Alexandriners gereimt. Ein klanglicher Bogen überspannt das Ganze. Ebenso: «die Ruh, / die einem Liebenden sagt alle Wollust zu». Dann geht Stieler in das Eilende der kurzen Versmaße über. Ein Beispiel für die virtuosen Möglichkeiten der zweiten Jahrhunderthälfte.

Nachdem wir uns so mit Bedeutung und Grenzen der Opitz'schen Verskunst vertraut gemacht haben, kommen wir nun zu einem folgenreichen Ereignis in der deutschen Versgeschichte nach Opitz, dem Ereignis nämlich, daß die alternierenden Verse als unzureichend empfunden werden. Nur Jamben und nur Trochäen, mag man selbst lange und kurze Zeilen so virtuos mischen, wie es eben Stieler tat, das reicht dem deutschen Dichter bald nicht mehr aus. Als epochemachender Schritt erfolgt nun – noch nicht zwanzig Jahre nach dem Erscheinen des Opitzschen Werkes – die Einführung der zweisilbigen Senkung. Versuche dazu können wir an verschiedenen Stellen beobachten: bei Fleming, bei Weckherlin. Da es Buchner war, der in seiner Poetik und vom Katheder herab gleichsam theoretisch das Recht der zweisilbigen Senkung begründet hat, nennt man die neue Möglichkeit das «Buchnersche Versmaß». Buchners Poetik erscheint allerdings erst 1663. Sie ist aber seit 1638 handschriftlich verbreitet und wird von allen Dichtern gelesen. Mit dieser neuen Möglichkeit experimentiert nun vor allem die Nürnberger Gruppe der «Pegnitzschäfer», die so gern mit dem Klang spielt. Im Kreis der «Fruchtbringenden Gesellschaft» erhebt sich allerdings eine Opposition gegen diese Neuerung. Der Fürst Ludwig von Anhalt-Köthen ist eigentlich gegen ihre Einführung. Nach mancherlei Diskussion mit Buchner und anderen kommt man schließlich zu der Übereinstimmung, die zweisilbige Senkung für einen bestimmten Gedichttypus, für eine bestimmte seelische Haltung zuzulassen. Man horcht die seelischen Möglichkeiten ab und findet, daß dieser Daktylos: dámdada dámdada dámdada für fröhliche, scherzende oder rasende Zusammenhänge geeignet sei. In diesem Sinne wird der Daktylos nun von den Nürnbergern verwandt, sobald ihre Dichtung fröhlich, beschwingt wird. Ein Beispiel von Harsdörffer, dem Verfasser des berühmten *Nürnberger Trichters*, der in sechs mal sechs Stunden die ganze deutsche Dichtkunst einzuflößen verspricht, mag für viele stehen. In einem Hochzeitsgedicht beschreibt Harsdörffer die Natur, die spielende, fröhliche Natur:

> Es gehen und wehen die Lüftlein in Lüften
> Die Bisem und Balsam der Blümlein erdüften,
> > Die Fittichpoeten, die schwimmen herüm,
> > Erheben in Liebe die liebliche Stimm.
> . . . .
>
> Die lisplend- und wisplende Bächelein wudeln,
> Die wellen-geflügelte Fluten erstrudeln,
> > Najaden, die baden und waten am Rand,
> > Die Schuppeneinwohner beleichen den strand.

Sie hören, wie sich hier das klangliche Spiel mit dem neuen Versmaß des Daktylos verbindet. Zum klanglichen Spielen gehört die Fülle von Binnenreimen: «Najaden, die baden», «lisplende, wisplende», und die Fülle von Alliterationen, von Vokalabstimmungen: «Najaden, die baden und waten am Rand»: alle Vokale, alle Hebungen dieser Zeile enthalten den Vokal a. Derartige Klangspielereien finden Sie bei den Nürnbergern immer wieder. In der zweiten Hälfte der Strophe, in der Harsdörffer nicht mehr die fröhliche Natur beschreibt, sondern sich dem Paar selber zuwendet, wechselt er dem Ernst des Inhalts entsprechend zum Trochäus, obgleich er die Bildsphäre des Wassers beibehält:

> Wasser! wasche, Sorg' und Leiden
> aus den Hertzen, lasse Freuden
> Überschwemmen dieses Paar.
> Für die Trehnen-wassergüsse,
> Wein und Wonne auf sie fließe,
> Und verläng'r' ihre Jahr.
> Himmel! laß sie allzeit baden
> in dem Brunnen deiner Gnaden.

Eine solche aus metrisch verschiedenartigen Zeilen zusammengesetzte Strophe wäre bei Opitz noch nicht denkbar gewesen.

Ein anderes Beispiel von Hofmannswaldau steigert noch die Variationsmöglichkeit:

> *Vergänglichkeit der Schönheit*
>
> Perlen gehören den Wellen
> Doch dein Wangenschnee
> Soll dem bunten Klee
> In den Wiesen sich gesellen.
> Laß uns üben
> In dem Lieben,
> Warum willst du dich betrüben?

Sie sehen, hier geschieht noch mehr als bei Harsdörffer. Hier wechselt das Versmaß innerhalb derselben Strophe von Zeile zu Zeile. Hofmannswaldau beginnt mit einer daktylischen Zeile: «Perlen gehören den Wellen». Warum? Weil von Wellen, also einem Fließenden die Rede ist. Das Fließende verlangt zu seiner Darstellung den Daktylos. Dann aber folgt die herrliche Antithese, die Wendung zu der Angesprochenen, der Geliebten. Und in dieser Antithese schlägt das Versmaß um vom Daktylos in den Trochäus: «Doch dein Wangenschnee / soll dem bunten Klee / In den Wiesen sich gesellen.» (Nebenbei: zum Schönheitsideal des 17. Jahrhunderts gehört es, daß die Dame weiß ist. Stellen Sie sich um Gottes willen unter der braunen Suavien von David Schirmer kein braungebranntes Mädchen vor. Es geht ja gleich weiter: «Du der weißen Auen benelkte Wangenzier». Die Wangen haben weiß zu sein, mit ein bißchen Rouge darauf, nicht braun wie im 20. Jahrhundert, zu dessen Schönheitsideal ja die Sonnenbräune gehört. Zurück zu Hofmannswaldau.) Nach meinem Dafürhalten ist Hofmannswaldau der größte Verskünstler, den die deutsche Literatur des 17. Jahrhunderts besitzt. Eine solche Verskunst, die zwischen Daktylos und Trochäus, zwischen dreihebigen, vierhebigen und sogar zweihebigen Zeilen innerhalb derselben Strophe variiert, ist bedingt durch das Bedürfnis der Dichter nach Modulation, nach Gleiten, nach Schwingen.

Diesem Bedürfnis kommt nun ein neues Versmaß entgegen, das aus Italien stammt, das Madrigal. Es ist bereits vor Opitz da, Opitz selber empfiehlt es auch. Mandriale heißt Schäfergedicht. Kennzeichnend für diese Form ist zunächst die Strophenlosigkeit. Das ganze Gedicht besteht sozusagen aus einer Strophe, die sich bis zu dreißig Zeilen ausdehnen kann. Sein zweites Kennzeichen ist der Wechsel der Zeilenlänge. Im Italienischen wechseln gewöhnlich Siebensilber und Elfsilber. Unregelmäßig wie die Länge der Zeilen ist auch die Reimstellung. Gewöhnlich gehört eine sogenannte «Waise», eine reimlose Zeile, zum Madrigal. Opitz empfiehlt sie besonders für das Singspiel. Im Singspiel ist das Madrigal zunächst auch beheimatet. Im Lauf des 17. Jahrhunderts entwickelt es sich aber zum Sprechvers und zum Maß für gesprochene Lyrik. 1653 erscheint von Kaspar Ziegler das Buch *Von den Madrigalen*. Durch dieses Buch wird das Madrigal für die Sprechdichtung erobert.

In Deutschland wird die Form noch freier gehandhabt als im Italienischen. Die Zeilenlänge wechselt nun ganz frei. Meist sind die Zeilen zunächst jambisch. Aber schon im 17. Jahrhundert finden sich mengtrittige Verse, d. h. es ist möglich, daß ein Trochäus einen Jambus oder Daktylos ablöst. Von dieser Möglichkeit des ganz freien Gedichtbaus machen nun alle Dichter reichlich Gebrauch. Die Sammlung *Anemons und Adonis Blumen* von Abschatz, einem der großen schlesischen Lyriker der zweiten Jahrhunderthälfte, enthält zu 33 % madrigalische Verse. Ein Beispiel mag für viele stehen:

> Was machstu noch bey mir vergebens Hoffen?
> Du hast getroffen
> Verstählte Sinnen
> Die zu gewinnen

Kein ächzend Sehnen
Kein' heiße Thränen
Genung seyn künnen
Die von den trüben Augen rinnen.
Ist denn nun kein Erbarmniß hier
Was machst du noch bey mir?

Der Wechsel der Zeilenlänge wird hier benutzt, um das Gedicht gewissermaßen in einen Rahmen zu stellen. «Was machstu noch bei mir, vergebens Hoffen», eine lange Zeile, dann werden in der Bedrängnis die Zeilen immer kürzer, um dann zum Schluß wieder auszuschwingen: «Ist denn nun kein Erbarmnis hier? Was machst du noch bei mir?»

Wie der madrigalische Vers nun auch Gedichte mit mehreren gleich gebauten Strophen ergreift, können Sie aus einem anderen Gedicht von Hofmannswaldau ersehen. Es ist in der Wiederkehr der ganz gleich gebauten Strophen kein Madrigal mehr im eigentlichen Sinne, wahrt sich aber in der Zeileneinteilung und im Akzentuieren seine Freiheiten:

Wo sind die stunden
der süßen zeit,
Da ich zuerst empfunden,
Wie deine lieblichkeit
Mich dir verbunden?
Sie sind verrauscht, es bleibet doch dabey,
Daß alle lust vergänglich sey.

Das reine schertzen,
So mich ergetzt,
Und in dem tieffen hertzen
Sein merckmahl eingesetzt,
Läst mich in schmertzen,
Du hast mir mehr als deutlich kund gethan,
Daß freundlichkeit nich anckern kan.
– – – – –
Ich schwamm in freude,
Der liebe hand
Spann mir ein kleid von seide,
Das blat hat sich gewandt,
Ich geh' im leide,

Ich wein' itzund, daß lieb und sonnen-schein
Stets voller angst und wolcken seyn.

Jahrzehnte werden vergehen, ehe wir wieder auf eine ähnliche Verskunst stoßen; eigentlich treffen wir Vergleichbares erst wieder hundert
Jahre später, bei Goethe an. Mit dem Eintritt ins 18. Jahrhundert ver-
engen sich zunächst wieder die so beweglich gewordenen Möglichkeiten des Verses.

Bevor wir uns aber diesem neuen Abschnitt zuwenden, möchte ich
Ihnen zeigen, wie die Tendenz zur Auflockerung nun selbst den Gegenpol, eine Form des strengstens Bauens, das Sonett ergreift. Das
Sonett dringt bereits im 16. Jahrhundert in die deutsche Literatur ein,
wird aber erst durch Opitz kanonisiert. Seit Opitz ist der Alexandriner
die ihm zugeordnete Verszeile. Wie Sie alle wissen, besteht das Sonett
aus den zwei Blöcken der Quartette und verengt sich dann zu den
zwei dreizeiligen Strophen, den Terzetten; damit entsteht ein Drängen
hin zu dem sich verjüngenden Ende. Daß zwischen den Quartetten
und Terzetten ein Einschnitt besteht, ist von der Form her einsichtig.
Diese Forderungen werden von den strengen Formkünstlern des 17.
Jahrhunderts durchaus erfüllt. Es ist nun aber seltsam zu sehen, wie
die oben geschilderte Bewegtheit, die zum Madrigal drängt, sich nun
auch dieser strengen Form zu bemächtigen sucht. Einer der Experi-
mentatoren ist dabei Gryphius. Es ist interessant, wie Gryphius nicht
nur immer wieder dem Alexandriner ausweicht, indem er vierhebige
Halbzeilen setzt, sondern daß er darüber hinaus beginnt, selbst die
Versformen im Sonett zu mischen. Ich lese Ihnen ein solches Gedicht:
Ewige Freude der Auserwählten vor:

O! wo bin ich! O was seh' ich, wach ich? träumt mir? wie wird mir?
Jesu! welcher Wollust Meer überschwemmt mein frölich Hertz!
Welt Ade; Glück zu mein Trost! gute Nacht Tod, Angst
                                    und Schmertz.
Ich find alles; alles lern ich! alles schau ich, Herr, in dir.

Ich zuschmeltz in lauter Wonne! Jesu! Jesu. Meine Zier!
O wie herrlich ists hier seyn! Erde deine Freud ist Schertz!
Jesu! ewig-gläntzend Licht! (dunckel ist der Sonnen Kertz!)
Ach: wie funckeln deine Schaaren! Sternen flieht! hier
                                    schimmern wir.

Ihr die ihr Gluth und Schwerdt verlacht! ob schon eur Leib
                              würd Staub und Aschen
Ihr, die ihr euer reines Kleid habt in dem Blut des
                              Lamms gewaschen
Rufft Hallelujah! Halleluja! Freud und Leben!

Dir dreymal einig Ewigkeit; die alles in allen beherrschet
                              und ziehret:
Sey unaussprechlich Lob und Ruhm und Ehre die dir nur
                              alleine gebühret.
Dir die sich ewig, (Hallelujah!) uns wil geben.

Sie sehen, das Thema des Gedichtes ist die ewige Freude, ein Zustand
also der Entzückung, und diese seelische Haltung berechtigt nun
Gryphius, mit den Versmaßen zu wechseln. «O! wo bin ich!
O was seh' ich, wach ich? träumt mir? wie wird mir?» das ist die erste
Langzeile; sie besteht aus zwei Halbzeilen in vierhebigen Trochäen.
Am Anfang der dritten Strophe «Ihr die ihr Gluth und Schwerdt verlacht! ob schon eur Leib würd Staub und Aschen» verschiebt sich das
Versmaß, es erscheinen zweisilbige Senkungen, Gryphius springt in
den Jambus um. In «Rufft Hallelujah! Halleluja! Freud und Leben!»
wird die Zahl der Hebungen nicht mehr erfüllt, erscheint die Halb-
zeile verkürzt. In der letzten Strophe taucht dann plötzlich in dem
«alles in allen beherrschet und ziehret» auch der Daktylos auf! Die
vorletzte Zeile wird über das Maß ausgedehnt, eine klare metrische
Gliederung ist nicht mehr da. In dieser vorwärtsdrängenden Bewegung vom Trochäus zum Jambus, zum Daktylos hat sich die strenge
Form des Sonetts aufgelöst. – Von da an verschwindet das Sonett aus
der deutschen Dichtung. Für Jahrzehnte ist es nicht zu finden, und
erst in Göttingen bei Bürger werden wir ihm von neuem begegnen.

Meine Damen und Herren!

Wenn wir nun in das 18. Jahrhundert eintreten, beobachten wir nach aller Durchflutung eine Tendenz zur Regelmäßigkeit, zur Vereinfachung, zur Erkaltung. Die eroberte Fülle von Vers- und Strophenmöglichkeiten schmilzt zusammen zu wenigen Maßen. Wir wollen nicht gleich den ominösen Geist der Aufklärungszeit beschwören, der nach strenger Regelmäßigkeit drängt. Zunächst sind für diesen Wandel einmal einfach soziologische Gründe anzuführen, die schlichte Tatsache, daß Versdichtung jetzt für ein anderes Publikum, nämlich für das Bürgertum, nicht mehr für den Kenner geschrieben wird. An die Stelle des Kenners im 17. Jahrhundert, der jede Feinheit zu genießen im Stande war, treten nun die bürgerlichen Leser, die für solche Feinheiten keinen entwickelten Sinn haben. Mit dem Aufkommen des Bürgertums entschwindet zugleich das Festliche aus dem Leben. Bürgertum und Festlichkeit, das ist ja eine etwas problematische Zusammenstellung. Die Dichtung, insbesondere die Versdichtung, bekommt jetzt andere Funktionen als die, die Festlichkeit des Lebens zu erhöhen. Ihr wird nun die Aufgabe zuteil, Wahrheit zu übermitteln oder um mit Gellert zu sprechen: «Dem, der nicht viel Verstand besitzt, die Wahrheit durch ein Bild zu sagen.» Es ist verständlich, daß dichterische Mittel, die nun von dem Bedeutungsgehalt, von der Wahrheit der Sprache ablenken, etwas gefährlich, verdächtig erscheinen.

Denn – wir erkennen jetzt im Rückblick – wir sind ja im 17. Jahrhundert mit diesem Schwelgen in Klängen und Rhythmen fast schon an die Grenze einer gegenstandslosen Dichtung gekommen. Bei den Nürnbergern, bei Zesen, gibt es durchaus Gedichte, die im engeren Sinne keine Bedeutung mehr haben. Hier liegt – um das vorwegzunehmen – eine frühe Parallele zur gegenstandslosen Malerei des 20. Jahrhunderts. Der Gleichklang manieristischer Epochen, die ein Gestaltungsmittel übertreiben, es gleichsam zum einzigen Träger des Kunstwerkes machen, ist schon in Erscheinungen des 17. Jahrhunderts erkennbar. Um den Vorgang noch einmal an einer Zeile der von uns herangezogenen Gedichte zu vergegenwärtigen: «Najaden, die baden und waten am Rande.» Warum waten die am Rande? Warum überhaupt «Najaden»? Der Grund ist doch ganz klar: «Najaden», weil sie a-haltig sind. Ihre A-haltigkeit hat die Najaden beschworen, aber nicht der auszusagende geistige Gehalt. – Jetzt, im 18. Jahrhundert, soll ein Gedicht bedeutende Sprache enthalten, soll Sinn übermitteln. Im Zusammenhang damit beginnt man nun den Vers als Kunstmittel anzuzweifeln. Lessing zieht aus dieser Haltung die Konsequenzen für die Fabel und fordert ihre Reimlosigkeit. Wenn es Aufgabe der Fabel ist, eine Wahrheit zu sagen, d. h. also den Intellekt des Hörers anzusprechen, dann zieht die Wirkung des Verses und des Klanges von dieser eigentlichen Aufgabe ab. Ein Mißtrauen gegen alle Klanglichkeit, ein Mißtrauen gegen den Rhythmus, gegen den erhöhten Zustand des Gemütes, gegen den Enthusiasmus des Dichters breitet sich nun aus. Jetzt wird aus nüchterner Weisheit geschaffen. Wenn Sie sich einen Dichter wie Johann Christian Günther anschauen, der ja wirklich etwas zu sagen hat, so sind Sie über seine Verse überrascht. Er erlaubt sich nichts mehr von den Freiheiten des 17. Jahrhunderts, er spannt seine Gedichte in regelmäßig gebaute Strophen; damit entsteht jene tötende Diskrepanz zwischen der äußeren Form und dem leidenschaftlichen Gehalt seiner Worte.

Wenn wir uns fragen, welche äußersten Möglichkeiten der Freiheit doch noch bestehen bleiben, so wäre das Phänomen der «Freien Verse» zu nennen. Die sogenannten «Freien Verse» sind eine Art von madrigalischem Vers: regelmäßig alternierend – gewöhnlich sind es Jamben – aber die Zeilen sind ungleich lang, der Reim wird mehrfach gesetzt. In diesem «Freien Vers» schreibt Gellert seine Fabeln, spricht Brockes seine Naturlyrik aus, legt Haller seine philosophischen Gedichte nieder. Eine kurze Probe einer «Moral» aus einer Fabel von Gellert möge für andere stehen:

> Die ihr die Niedern so verachtet,
> Vornehme Müßiggänger, wißt,
> Daß selbst der Stolz, mit dem ihr sie betrachtet,
> Daß euer Vorzug selbst, aus dem ihr sie verachtet,
> Auf ihren Fleiß gegründet ist.

Die einzige Freiheit, die sich Gellert in seinen Fabeln erlaubt, ist die Spannweite zwischen dreihebigen und sechshebigen Versen.

Der Kampf gegen den Reim, der nun im 18. Jahrhundert einsetzt, wird einerseits von der Überzeugung her geführt, daß der Reim den Bedeutungsgehalt der Worte mindert und der Reimzwang den Poeten vom Sinn des zu Sagenden fortführen könnte. Dem so gegebenen Mißtrauen dem Reim gegenüber kam außerdem das Vorbild der Antike entgegen, dem sich die Zeit nun bedingungslos unterstellt. Später, in der zweiten Jahrhunderthälfte, wurde die Ablehnung des Reimes noch durch die Kenntnis des altgermanischen Verses, besonders der *Edda* verstärkt, die ja ebenfalls nicht den Endreim kennt. So entsteht jetzt, getragen von einer neuen Generation, eine Dichtung, die den Reim überhaupt aus der deutschen Dichtung verbannen möchte. Reimlose Verse waren übrigens auch schon früher versucht worden. Eine Übersetzung Miltons von 1681 versucht den Blankvers, also den ungereimten Vers. Im gleichen Jahre schreibt Morhof in seiner großen Poetik ein Kapitel: «Verteidigung der Reime», was doch darauf hinweist, daß der Reim schon problematisch geworden war. Bei Quirinus Kuhlmann im 17. Jahrhundert haben wir ebenfalls Ansätze zu reimlosen Versen. Aber erst jetzt, im 4. Jahrzehnt des 18. Jahrhunderts, wird die Reimlosigkeit zu einer ganzen Bewegung mit Dreifrontenstellung: Kampf gegen den Reim in der Lyrik, Kampf gegen den Reim – den gereimten Alexandriner – im Drama und Kampf gegen den Reim in der Epik, in der ja bisher auch der gereimte Alexandriner herrschte. Mit der Forderung nach Reimlosigkeit bezieht die junge Generation Stellung gegen die ältere; obwohl Gottsched in der Jugend durchaus auch reimlose Verse erwogen und probiert hatte, entscheidet er sich schließlich doch für den Reim. Desto stärker ruft die junge Generation nun gegen den Reim.

Die erste Sammlung, die fast reimlos erscheint, sind: Pyras und Langes *Thirsis und Damons freundschaftliche Lieder*. Hier handelt es sich um keine Lieder im engeren Sinne, sondern um Sprechdichtung, die den Reim verschmäht. Dichter, die den Reim dann sogar aus dem Lied verbannen wollen, sind die Anakreontiker. Gleim, Uz, weniger Hagedorn, versuchen Lieder unter Verzicht auf den Reim zu schreiben. Wir erschrecken etwas. Muß das Lied nicht stumpf werden, wenn es auf die klangliche Bindung des Reims verzichtet? Wenn wir die Gedichte, die Lieder, die ungereimten Lieder also der Anakreontiker lesen, so stellen wir mit Überraschung fest, daß es sich trotz des Reimmangels durchaus um Verse handelt, ja daß diese Gedichte sogar sehr starken Verscharakter haben. Eine andere Macht, nämlich der Rhythmus, tritt nun als tragendes Element hervor und gleicht den Verlust an klanglicher Bindung aus. Ich lese Ihnen ein ungereimtes Gedicht von Gleim: *Bacchus und Cythere* (Cythere ist ein zweiter Name für Venus.)

Soll ich trinken oder küssen?
Hier winkt Bacchus, dort Cythere.
Beide winken, beide lächeln,
Bacchus mit gesetzten Mienen
Und Cythere mit verliebten.
Bacchus zeigt mir seine Reben;
Seht, sie sinken, schwer von Trauben!
Aber seht nur, dort im Schatten,
Dort im Schatten, unter Reben,
liegt ein Mädchen lang gestrecket!
Seht, es schläft, es lächelt schlafend
Und es lächelte Cythere
Nicht so reizend, als sie winkte.
O wie süß mag es nicht schlummern!
O wie reizend liegt das Mädchen!
Um den weißen, regen Busen
Hangen schwarze reife Trauben,
Und es glänzen um die Locken,
Um die rabenschwarzen Locken
Goldne Blumen in den Schatten.
Weingott, winke nur nicht länger;
Denn ich muß erst bei dem Mädchen
Unter deinen Trauben schlummern.

Sie werden spüren, das ist ein ausgezeichnetes Gedicht, was den Verscharakter (über den Inhalt sprechen wir nicht) angeht. Im Hören vermissen wir eigentlich garnichts. Der Reim wird nun durch andere Qualitäten ersetzt, die seinen Verlust fast nicht spüren lassen. Zunächst ist das Gedicht ja durchaus klanglich. Es gibt eine Fülle von Assonanzen, es gibt Alliterationen; aber es hat noch etwas anderes gewonnen: Der starke Verscharakter entsteht durch eine Steigerung der Kola. Unter Kolon verstehen wir in der Rhythmusforschung die kleinsten Einheiten. Diese Kola funktionieren hier sehr stark: «Soll ich trinken oder küssen?» «Hier winkt Bacchus, dort Cythere», «Beide winken, beide lächeln.» Sie sehen, jede Zeile gliedert sich hier in zwei Halbzeilen auf, in zwei Kola, die sich genau entsprechen, die ganz parallel stehen: «Beide winken, beide lächeln». Dann kommen mal wieder zwei volle Zeilen: «Bacchus mit gesetzten Mienen / Und Cythere mit verliebten». Wieder entsteht die Korrespondenz, hier jetzt nicht zwischen zwei Halbzeilen sondern zwischen zwei Ganzzeilen. Und so betont dieses ganze Gedicht die Funktion, die Macht des Kolons, es gewinnt dadurch seinen ausgesprochenen Verscharakter. Es ist deutlich, wie der Sprachstil diesen Vorgang noch unterstützt: «Beide winken, beide lächeln», beide Kola sind gleich gebaut, parallel im Satzbau. «Aber seht nur, dort im Schatten / Dort im Schatten, unter Reben» – reine Kolon- und Sprachwiederholung. So zieht sich durch das ganze Gedicht Parallelismus und Entsprechung. Das sind neue Möglichkeiten, die das anakreontische Lied gewinnt. Und wir dürfen sagen: Der Gewinn, den der deutsche Vers aus der Reimlosigkeit des anakreontischen Liedes zieht, ist die Betonung des Rhythmischen und das Gefühl für die Betonung der Kola, für die Gleichheit, Korrespondenz, Parallelität oder Antithese der Kola.

Das Gefühl für solche Versstruktur erklärt nun auch, warum gerade damals eine Gedichtform aus der französischen Dichtung aufgenommen wurde, deren Kennzeichen die Wiederholung ganzer Zeilen an bestimmter Stelle des Gedichtes ist: das französische Triolett. Das Triolett ist ein Gedicht aus acht Zeilen, es verwendet nur zwei Reime mit der Bedingung, daß sich die erste Zeile als vierte und siebente wörtlich wiederholen muß. Durch diese Wiederholung entsteht eben die Korrespondenz, der Parallelismus, das Schwingende, das wir eben schon als tragendes Element bei der Anakreontik ermittelten. Ich gebe Ihnen als Beispiel eines der frühesten deutschen Trioletts von Hagedorn:

> Der erste Tag im Monat May
> Ist mir der glücklichste von allen.
> Dich sah ich, und gestand dir frey,
> Den ersten Tag im Monat May,
> Daß dir mein Herz ergeben sey.
> Wenn mein Geständnis dir gefallen,
> So ist der erste Tag im May
> Für mich der glücklichste von allen.

Sie sehen, das ist eine reizende Form, und die Anakreontiker haben sich alle darin versucht. Gleim hat sogar ganze Zyklen in Triolettform geschrieben.

Wenn wir uns nun der Lyrik Klopstocks zuwenden, so sehen wir gleich, daß Klopstock ganz in den Kreis derer gehört, die den Reim ablehnen. Es gibt kaum ein Gedicht, in dem er Reime verwendet. Wie aber sehen nun seine Verse aus? Klopstock pflegt nicht das Lied, obwohl einige seiner Gedichte diese Überschrift tragen. Aber das sind keine echten Lieder, sondern der Gattung nach handelt es sich um Oden, der Forderung der Zeit entsprechend um Nachbildungen der antiken Formen der sapphischen, alkäischen und asklepiadeischen Ode. Horaz besonders war ja schon im 17. Jahrhundert erst in Prosa, dann gereimt übersetzt worden. Als erster hatte nun der Pastor Lange eine bis in jede Silbe hinein getreue Horaz-Übertragung versucht, die freilich von Lessing grausam zerzaust wurde. Die entscheidende Neuerung bei der Übernahme antiker Odenformen ist nun der Wechsel zwischen einsilbiger und zweisilbiger Senkung. Schon bei Gellert findet sich hier und da ein solcher Wechsel von Versüßen, hier allerdings noch durch den Reim verbunden: «Die Himmel rühmen des Ewigen Ehre»: eine gemischte Zeile; dann folgt eine jambische Zeile: «Ihr Schall pflanzt seinen Namen fort», dann wechselt wieder eine gemischte Zeile: «Ihn rühmt der Erdkreis, Ihn preisen die Meere» mit einer jambischen: «Vernimm, o Mensch, ihr göttlich Wort!»

In Anlehnung an Horaz unternimmt es dann der junge Klopstock, Horazische Maße nicht nur für Übersetzungen zu verwenden, sondern auch seine eigene Lyrik in die drei Maße der antiken Ode zu gießen, alkäische, asklepiadeische und sapphische Oden zu schreiben. Nun finden wir in der deutschen Dichtung Strophen wie diese:

> Wie Hebe, kühn und jugendlich ungestüm,
> Wie mit dem goldnen Köcher Latonens Sohn,
> Unsterblich sing' ich meine Freunde
> Feiernd in mächtigen Dithyramben.

Das war eine getreue Wiedergabe des alkäischen Maßes, zugleich aber die Erfüllung einer damit verbundenen inneren Form. Denn der übernommene Wechsel von ein- und zweisilbigen Senkungen ist ja nicht nur die schematische Ausfüllung eines metrischen Schemas, sondern damit verbindet sich zugleich ein bestimmter «Ton», der zu diesen Odenmaßen gehört. Unter den Begriff des Tones lassen sich in der Verswissenschaft die verschiedenen stilistischen Einzelheiten zusammenfassen: einmal der Rhythmus, wie er durch die Dispositionen des

Metrums ermöglicht wird, zweitens eine bestimmte Grundhaltung des Sprechers und drittens ein bestimmter Sprachstil.

Zu diesem Stil gehören in unserem Gedicht zunächst die Anspielungen auf die Antike: «Wie Hebe, kühn», «Latonens Sohn» – die Zeitgenossen wußten damals natürlich, daß Apoll damit gemeint war. Zum Stil gehört die gehobene Sprache in Wendungen wie: «Feiernd in mächtigen Dithyramben»; oder es gehört dazu eine stilistische Einzelheit wie die Transivierung des Wortes «singen»: «Unsterblich sing ich meine Freunde»: Ich singe meine Freunde unsterblich. Als Sprechhaltung, in der diese ganzen Gedichte gesprochen werden, dürfen wir wohl bestimmen: Es ist eine Haltung des gedanklichen Sprechens, in dem eine Spannung entfaltet wird. Das heißt, wir befinden uns nicht im Bereich des Liedes, sondern eben in dem der Ode, im Bereich eines bestimmten Sprechverses also, der nicht mehr zur Musik drängt. Von Klopstock an – dürfen wir sagen – ist das Profil der beiden Gattungen «Lied» und «Ode» sauber zu trennen. Während bis dahin Ode im Deutschen jedes Lied bezeichnen könnte, gewinnt nun jede Gattung ihr eigenes Profil. Das Lied mit seinem schwingenden, schwebenden Rhythmus, das zur Vertonung drängt, auf der einen Seite, auf der anderen der Sprechvers, in dem bewußt und durchdacht gesprochen wird von Spannungen, die der Sprechende empfindet.

Das Mißliche von Klopstocks Oden war, daß er sich im Bewußtsein der eigenen Aura, die um diese antiken Odenmaße schwebt, einige Freiheiten erlaubte, die uns heute sprachwidrig vorkommen. Gleich die zweite Strophe jener Ode *Auf meine Freunde*, die ich eben begann, lautet: «Willst dú zu Stróphen wérden, O Líed? Odér ...» Das Versmaß, das Schema verlangt, daß die letzte Silbe der Zeile betont ist. Und so kommt es denn in dem «odér» zu einer deutlichen Tonbeugung. Wenn Sie Klopstocks Oden durchblättern, so stoßen Sie immer wieder auf solche Tonbeugungen auf dem letzten Akzent der Zeile: «Olympiér,» «Unsterblichér», «festlichén», «silbernén». Ich will mich hier nicht darauf einlassen, wie Klopstock das theoretisch gerechtfertigt hat und wie es seine Zeitgenossen rechtfertigen. Jedenfalls hat er damit ein Vorbild gegeben, dem die deutschen Odendichter lange folgen. Hölderlin begeht nicht nur bei seinen frühen Oden, sondern auch bei denen aus der Frankfurter und Homburger Zeit solche Verstöße und kann sich mit dem großen Vorbild Klopstock und Theoretikern wie Voß rechtfertigen. Auch innerhalb der Zeilen finden sich Tonbeugungen wie «einwéihend», «mitléidig», «stillhéitres Lächeln». Ähnliche Beispiele finden sich bei Hölderlin oder Platen. Die Begründung – denn die Dichter sind sich der Tonbeugungen durchaus bewußt – ist die eigene Aura dieser Verse, die den herkömmlichen Stilbegriffen nicht unterworfen sei. Friedrich und August Wilhelm Schlegel haben in ihren theoretischen Überlegungen die Entscheidung, ob diese Freiheiten in diesen speziellen Fällen möglich sind, oder ob sie das Publikum auf die Dauer ablehnt, der Zukunft anheimgestellt. Wir, die wir nun auf zweihundert Jahre deutscher Odendichtung zurückschauen, wissen, daß die deutsche Sprache sich gegen diese Tonbeugungen entschieden hat. Wir empfinden sie als Härte: «Willst du zu Strophen werden, o Lied?, Odér», das geht gegen unser Gefühl. Die Dichter des 20. Jahrhunderts haben diese Freiheiten, die also Hölderlin und Platen im 19. Jahrhundert noch bedenkenlos verwandten, aufgegeben. – Die beiden bedeutendsten Dichter in den antiken Odenmaßen des 20. Jahrhunderts sind Weinheber und Rudolf Alexander Schröder. Ich lese Ihnen von Schröder die kurze Horazische Ode im asklepiadeischen Versmaß vor, in der sich nun keine Tonbeugung mehr findet:

> Goldne, tröstliche Zeit, Zeit, da die Sichel scholl,
> Noch, noch hüten ihr Nest über und unterm Dach
>   Storch und Schwalbe. Geduld noch,
>   Bleibt! 'S ist immer noch früh zur Fahrt.
>
> Kürzre Tage? doch raunt, lockend im Laubengang
> Mit willkommener Nacht Schatten; die Garbe bleicht
>   Auf der Stoppel, bevor sie,
>   Korn und Halme, die Scheuer füllt.
>
> Sommer, Sommer! Dieweil läutert im Mittag schon
> Herbst des scheidenden Jahrs tränenbeträuft Geschenk,
>   Bricht denn, ehe das Dunkel
>   Kam, die berstende Frucht vom Baum.

Auch in diesen Strophen waltet noch die Aura von etwas Fremdartigem. Sie läßt sich noch immer genau am Stil zeigen, aber die Tonbeugungen, die bei Klopstock, Hölderlin, Platen immer wieder störten, sind hier nun beseitigt; die Verse folgen nun dem natürlichen Gefühl der deutschen Sprache.

Klopstock ist dann sehr bald von der Nachbildung antiker Oden-
strophen zum Bauen neuer Odenformen übergegangen. In den Aus-
gaben seiner Gedichte findet sich vor jeder Ode ein metrisches Schema, das dem Leser die Akzentuierung angibt. Klopstock hatte wohl
erwartet, daß seine Oden mit dem dauernden Hinblick auf dieses
Schema gelesen werden. In diesen neugebauten Odenformen erlaubt
er sich immer größere Freiheiten. Während er in der Jugend noch die
Möglichkeit einer dreisilbigen Senkung im Deutschen verwirft, weil
der Vers dann «auf eine ungezwungene Art zu eilen» beginne, verlangt er bald danach, als er sich 1764 wieder der Odendichtung zuwendet, nicht nur die dreisilbige sondern gelegentlich auch die viersilbige Senkung in seinen Schemata. In Versen wie:

$$\text{Ŭnd d\u012be Grábnacht gáb, d\u012be s\u012be wégnahm hér}$$
$$\text{Da des Gedichts Ruf tönt und das Gebirg einsank}$$

haben Sie ein Beispiel für die dreisilbige Senkung; und wirklich spürt
man an dieser Stelle, daß der Vers etwas zu sehr ins Laufen kommt.

An diesem Punkt hat sich schon vor Jahrzehnten eine Kontroverse
entsponnen, die noch nach dem Erscheinen der *Kleinen Versschule* fort-
gesetzt wurde. Ich vertrete den Standpunkt, daß die dreisilbige Senkung im Deutschen durchaus möglich, ja daß sie schon eine Möglichkeit des altdeutschen wie des Knittelverses ist. Nach dem Erscheinen
der *Kleinen Versschule* geriet ich in eine briefliche Kontroverse mit
einem der bedeutendsten Germanisten Amerikas, Herrn Mason, der
den auch früher schon geäußerten Standpunkt vertritt, es gäbe im
Deutschen keine dreisilbige Senkung. Wo ein Dichter sie einem vor-
geschriebenen Schema entsprechend verwende, entstünde immer ein
Nebenakzent auf der mittleren Hebung. Ich möchte Ihnen selber die
Frage zur Entscheidung vorlegen und gebe Ihnen noch Material dazu,
Material, das ich aus dem freien Rhythmus Goethes wähle. Sie kennen
alle den *Prometheus*. Zeilen wie:

> Wer half mir wider der Titanen
> Übermut?
> Wer rettete vom Tode mich,
> Von Sklaverei?

enthalten zweimal eine dreisilbige Senkung: «Wider der Titanen» ...,
«Wer rettete vom Tode mich ...». Ich füge hinzu, daß Ulrich Pretzel

in seiner rhythmischen Nachzeichnung des «Prometheus», die voriges Jahr erschienen ist, noch anders liest. Er liest die Zeile sogar: «Wér rettete vom Tóde mich,» um die Parallele zu «Wér half mir» zu erzeugen; d. h. Pretzel liest sogar eine vierhebige Senkung an dieser Stelle. Ich glaube, das sind schlagende Beispiele für dreisilbige Senkungen. Man kann nicht mit einem Nebenakzent lesen: «Wider dèr Titanen Übermut» oder «Wer rettetè vom Tode mich». Das ist völlig ungoethisch. Ein weiteres Argument ist das Druckbild: die ersten beiden Zeilen hat Goethe in der Handschrift zunächst geschrieben:

> Wer half mir wider
> Der Titanen Übermut?

Sie sehen: ganz deutlich ist die zweite Zeile mit zweisilbigem Auftakt: «Der Titanen Übermut». In der Druckfassung ändert er nun und bricht die Zeile ab: «Wer half mir wider der Titanen» ... Wir dürfen nicht annehmen, daß Goethe plötzlich an der Stelle anders gelesen hätte als in der ersten handschriftlichen Fassung, wo er zweisilbigen Auftakt ohne jeden Nebenakzent gelesen hat. Wir haben also hier ein eindeutiges Beispiel für die Möglichkeit der dreisilbigen Senkung.

So wie Klopstock die Unruhe des Verses durch drei- und viersilbige Senkungen vergrößert, steigert er sie noch auf der anderen Seite durch die sogenannten einsilbigen Takte, d. h. durch Zeilen, in denen Hebungen ohne alle Senkungssilben aufeinanderstoßen. Die Antike gab dazu im asklepiadeischen Vers eine Möglichkeit, in dem zwei Akzente zusammenstoßen. In den Schemata von Klopstock finden sie nun drei, vier, fünf, in einem Fall sogar sechs Hebungen, die ohne Senkung gefügt aneinanderstoßen. Ich lese Ihnen eine fünf- und sechshebige Zeile vor: «Das Gewánd, wéiß, blúthéll, hób zum Thrón, sie sich empór, stánd érnst ánscháunsélig dá». Ich habe gelesen, wie Klopstock es verlangt, nämlich in jedem Fall, da er einen Strich setzt, habe ich eben einen Akzent gelesen. Aber es tauchen da doch Zweifel auf: Soll diese Zeile wirklich so gelesen werden? Kommt einem nicht die Vermutung, daß die Striche von Klopstock vielleicht gar nicht mehr Akzentuierungen meinen? Meine Damen und Herren, wir stehen hier wieder vor einem offenen Problem. Heusler entscheidet sich für die Lesung: Jeder Strich Klopstocks in einem Schema ist als rhythmischer Akzent zu lesen. Ich hege da Zweifel; ich glaube nicht, daß

Klopstock jeden Strich in dieser Zeile, die ich eben las, wirklich noch als einen rhythmischen Akzent gemeint hat, sondern vermute, daß seine Striche nur volle, klangstarke Silben meinen, aber keine rhythmischen Akzente.

Nachdem sich Klopstock immer mehr Bewegungsfreiheit für den deutschen Sprechvers geschaffen hatte, kam er zu seiner großen Leistung: der Schaffung des freien Rhythmus. In all diesen Odenmaßen muß sich ja das Schema für eine Strophe durch das ganze Gedicht streng wiederholen. Und offensichtlich hat Klopstock das später als eine zu starke Fessel empfunden. Sein großtöniges Sprechen drängt über diese Einengung hinweg. So schafft er 1754 den freien Rhythmus. Er selber hat kurz darauf geäußert: «Vielleicht würde es dem Inhalt gewisser Gesänge sehr angemessen sein, wenn sie Strophen von ungleicher Länge hätten und die Verse der Alten mit den unsrigen so verbänden, daß die Art der Harmonie mit der Art der Gedanken beständig übereinstimmte.» Das bedeutet mit anderen Worten: Der Rhythmus soll abhängig sein von der Art der Gedanken. Die Sprache selber setzt den Rhythmus, und nicht mehr: Der Rhythmus kommt als ein Maß von außen über die Sprache. Der freie Rhythmus ist fast der einzige Beitrag, den die deutsche Lyrik zum Formenschatz der Weltliteratur geliefert hat. Er ist gekennzeichnet durch das Fehlen des Reimes, das Fehlen gleicher Strophen, Fehlen gleicher Zeilen, Fehlen gleicher Senkungen. Für uns entsteht die Frage: Was unterscheidet diesen Vers nun eigentlich von der Prosa? Bei der Antwort auf diese Frage müssen wir den Begriff des «Tones» einfügen, da ja Metrum, rhythmische Fügung Teileelemente in dem Gesamtkomplex des Tones eines Gedichtes sind. Wir fragen daher, welcher Ton, welche Sprechhaltung wird denn im freien Rhythmus eingenommen? Und kommen dann, wenn wir Klopstocks dreißig freie Rhythmen überprüfen, zu der Feststellung: Klopstock gebraucht dieses Versmaß da, wo er zu den höheren Mächten, besonders zu Gott aufsingt. *Die Genesung*, das ist ein Dank des eben Gesundeten an Gott. *Die Frühlingsfeier* ist der Lobpreis Gottes aus der Natur. Ein solches Aufsingen zu Gott kennzeichnet also bei Klopstock die Sprechhaltung seiner Gedichte in freien Rhythmen.

Von hier aus könnte man die Hymne als besondere Form bei Klopstock gegen die Ode abgrenzen. Die Ode ist bestimmt durch ein gedankliches Sprechen, eine gedankliche Entfaltung der Spannungen;

die Hymne dagegen, als ein Aufsingen zu den höheren Mächten, ist nicht mehr so straff gedanklich, sie ist «hymnischer, überschäumender, entzückter», um mit Klopstocks Worten zu sprechen. Klopstock hat sich also durch den freien Rhythmus die Möglichkeit geschaffen, jeder Nuancierung der sprachlichen Wendung rhythmisch folgen zu können. Sie kennen ja alle *Die Frühlingsfeier*, sie haben den Fortissimoklang, mit dem das Gedicht mit ziemlich langen Zeilen einsetzt, wohl im Ohr; dann folgt plötzlich ein Diminuendo. Der Dichter schaut nicht mehr empor, sondern er schaut in die Gräser, zu dem «Frühlingswürmchen, das grünlichgolden neben mir spielt»; er gerät in den Gedanken, ob es wohl auch eine Seele hätte, er beginnt zu weinen. Von da folgt langsam wieder ein Crescendo: «mit Palmen ist meine Harf' umwunden», und wieder steigert sich das Gedicht zu einem Lobpreis Gottes im Fortissimo. Solche Möglichkeiten des Diminuendo, des Crescendo gibt erst der freie Rhythmus. Wenn Klopstock versucht hätte, den gleichen Stoff in alkäische Odenform zu gießen, so hätte ihn die Gleichheit der Strophen gehindert, das Crescendo und Diminuendo ähnlich durchzuführen.

Ist der hymnische Ton das eine Kennzeichen des freien Rhythmus, so verlangt er zudem, um sich von der Prosa zu unterscheiden, kräftige Akzente, die sich in ungefähr gleichen Abständen wiederholen. Im Prosatext liegen die Akzente ja völlig willkürlich. – Klopstocks freie Rhythmen müssen damit bezogen werden auf ein Phänomen der Zeit, das die Musikgeschichte erregt. Die gleiche Revolution, die der deutsche Vers in Klopstocks freien Rhythmen durchmacht, vollzieht sich auf musikalischem Gebiet in Mannheim ebenfalls in den Jahren 1745–1757, wo Stamitz der Leiter des Mannheimer Orchesters ist. Die Mannheimer waren damals musikalisch führend. Leopold Mozart weiß schon, warum er seinem Sohn empfiehlt: «Du mußt auf Deiner Reise unbedingt nach Mannheim und diese ‹neue› Darstellungsart kennenlernen.» Der Mannheimer Stil entwickelt damals zunächst einmal das Decrescendo, das Diminuendo und das Crescendo. Die flächigen Kontraste von Forte und Piano werden dort von den Mannheimern zum ersten Mal aufgelöst in die sogenannte «Gleitdynamik», ein allmählich anwachsendes Crescendo und ein ganz allmählich abnehmendes Diminuendo. Die Wirkung auf die Zuhörer war nach Zeitberichten so überraschend, daß sich bei den ersten Aufführungen, wenn ein Crescendo kam, das Publikum von den

Plätzen erhob, um sich beim Diminuendo wieder niederzulassen. Wie Becking in seinem schönen Buch *Vom Rhythmus als musikalischer Erkenntnisquelle* gezeigt hat, gehört zu diesem Stil der Mannheimer außerdem die starke Betonung der guten Taktteile. Der Taktstrich, der bei Bach nur ein Hilfsmittel zur Orientierung war, bekommt nun in unserer klassischen Musik, bei Haydn, Mozart, Beethoven funktionelle Bedeutung für die Akzentuierung. Die stärkere Betonung der guten Taktteile gehört zum Mannheimer Aufführungsstil und bildet zusammen mit der Gleitdynamik eine neue musikalische Struktur.

Daß es Verbindungen zwischen den Mannheimern und Klopstock gegeben hat, steht außer Frage. Der Mittelsmann war Klopstocks Rezitator Schubart, der über die Mannheimer Aufführungen gesagt hat: «Kein Orchester der Welt hat es je in der Aufführung dem Mannheimer zuvorgetan. Sein Forte ist ein Donner, sein Crescendo ein Katarakt, sein Diminuendo ein in der Ferne plätschernder Kristall, sein Piano ein Frühlingshauch.» Die Wendungen, die Schubart hier zur Deutung des Mannheimer Stiles benutzt, sind auffälligerweise alle aus Klopstocks Sprache selber gewonnen. Man kann also mit Sicherheit annehmen, daß die Zeitgenossen die Parallele zwischen Klopstocks Vers und dem Mannheimer Musikstil durchaus empfunden haben.

Noch ein kurzes Wort über die Aufnahme des neuen Verses: Natürlich standen die Zeitgenossen vielfach ratlos vor dieser neuen Form. «Das ist ja Prosa», so können Sie in Briefen lesen, oder man spricht von einem «Quasi-Metrum»; einsichtige Hörer dagegen wie Lessing und Herder begrüßen diesen Vers als eine echte neue Möglichkeit. Herder empfiehlt ihn sogar für das Drama, wo er sich allerdings in der Zukunft nicht durchgesetzt hat. Wohl experimentiert der junge Goethe mit dem freien Rhythmus als Vers für das Drama. Im Faust I finden Sie ihn z.B. in der Beschwörungsszene: «Die Lampe dunkelt sich». Außerdem versucht Goethe im Dramenfragment des *Prometheus* den freien Rhythmus in das Drama einzuführen. Diese Versuche sind aber ohne Fortsetzung geblieben. Dagegen ist nun der freie Rhythmus in der deutschen Sprechlyrik eine feste Form geworden. Goethes freie Rhythmen sind in der Sprechhaltung durch das gleiche Aufsingen zu den höheren Mächten gekennzeichnet wie die freien Rhythmen Klopstocks. Bei Hölderlin hat der freie Rhythmus ähnliche Funktionen. Die gleiche Haltung gilt noch für die freien

Rhythmen des Novalis in den *Hymnen an die Nacht*. Erst bei Heine im 19. Jahrhundert verliert der freie Rhythmus sein ursprüngliches Kennzeichen, Teil des gehobenen feierlichen Tones, des Hymnischen zu sein. Bei Heine erst wird er wirklich zu einer Form, einer leeren Formmöglichkeit. Wie der freie Rhythmus wirkt, wenn er später aus dem Strukturgefüge des Hymnischen herausgenommen wird, können Sie aus einem Gedicht von Detlev von Liliencron ersehen:

> Ich sitze zwischen Mine und Stine,
> Den hellblonden hübschen Fischermädchen
> Und trinke Grog.
> Die Mutter ging schlafen.
> Geht Mine hinaus, um heißes Wasser zu holen,
> Küsse ich Stine.
> Geht Stine hinaus, um ein Brötchen
> Mit aufgelegten kalten Eiern und Anchovis zu bringen,
> Küsse ich Mine.

Angesichts dieser Verse entsteht nun doch die Frage, ob hier von dem Verscharakter überhaupt noch etwas übriggeblieben ist, ob es sich nicht hier schon um reine Prosa handelt.

Bevor wir den freien Rhythmus verlassen, der ja der letzte Ausläufer einer Richtung ist, die im Kampf gegen den Reim ihren Ausgang nahm, sei noch kurz auf die weitere Geschichte des Reimes hingewiesen. Der Kampf um den Reim, von Klopstock so lebhaft geführt, hat damals für kurze Zeit tatsächlich mit dem Siege der Gegner des Reims geendet. Es ist dann den späteren Anakreontikern und vor allen Dingen dem jungen Goethe und der Gruppe des Göttinger Hains zu danken, daß die Reimlosigkeit später beschränkt bleibt auf die Gedichte in antiken Odenmaßen, daß aber vor allen Dingen das deutsche Lied wieder den Klang des Reimes zurückgewonnen hat. Am Ausgang des 19. Jahrhunderts und zu Beginn des 20. Jahrhunderts hat man von neuem dem Reim den Kampf angesagt. Arno Holz tat es mit dem neuen Argument, daß ja der Reim im Deutschen völlig abgenutzt sei, ein Argument, das von den Jüngsten heute wieder aufgenommen wird. Einige Zahlen mögen die Bewegung während des Expressionismus illustrieren: In der repräsentativen Sammlung *Menschheitsdämmerung*, herausgegeben von Kurt Pinthus, sind 56% der Gedichte noch gereimt, 44% sind nicht mehr gereimt. In den nächsten Jahren nach der *Menschheitsdämmerung* verschiebt sich das Verhältnis zugunsten des Reimes. In der *Arbeiterdichtung*, einer repräsentativen Anthologie von Karl Bröger von 1925 sind 74% gereimt und dementsprechend 26% nicht gereimt. 1927 geben Fehse und Klaus Mann ihre *Anthologie junger Lyrik* heraus, 77% gereimt, 33% nicht gereimt. Wie ist die Situation nach dem 2. Weltkrieg? 1946 erschien eine Anthologie *De Profundis*, darin zählten wir 89% gereimte, 11% nicht gereimte Gedichte. Zehn Jahre später allerdings hat sich das Bild völlig verschoben. In *Transit*, einer Sammlung, die ja beansprucht, einen Querschnitt durch die Lyrik der Jüngsten zu geben, ist das Verhältnis nach einer oberflächlichen Zählung etwa: 33% gereimt, 67% nicht gereimt, Zahlen also, die in der Ablehnung des Reimes weit über den Expressionismus hinausgehen. Gleichzeitig spricht der Verleger Niedermayer in der Einleitung zu seiner Sammlung *Geliebte Verse* von der «Erschöpfung des Reimes ... ein Vorgang, an dem kaum zu zweifeln ist. Rilke vermochte noch einmal das Raffinierte und das Sakrale des Reims dem Leser lyrisch nahezubringen, wir heute kennen die Reime, die Antworten des Reims und beobachten vielfach den Reim als Ausdrucksschwäche.» – Meine Damen und Herren, als Literarhistoriker habe ich keine Prophezeiungen abzugeben. Ich kann Sie nur bitten, dieser Frage Ihr Augenmerk zu schenken, zu prüfen, ob Sie diese Sätze wirklich als Kennzeichen für unsere heutigen und für die künftigen Möglichkeiten der deutschen Lyrik halten oder nicht, ob der Weg nun endgültig zum reimlosen Gedicht führt, oder ob der Reim noch Möglichkeiten hat.

Haben wir also die Aufhebung des Reims und ihre weitreichenden Konsequenzen in der Lyrik verfolgt, so war sie nicht weniger bedeutungsvoll in den beiden anderen Kampfabschnitten, der Dramatik und der Epik. Auf die Dramatik sei hier nur vorübergehend hingewiesen, da das entscheidende Ereignis, die Ersetzung des gereimten Alexandriners durch den Blankvers, ja erst in der Klassik zur vollen Auswirkung kommt. Die folgenschwere Entscheidung für den Blankvers aber fällt in die vierziger Jahre des 18. Jahrhunderts, die eben durch den Kampf gegen den Reim gekennzeichnet sind. Die Einführung des Blankverses ist nicht einem einzigen deutschen Dichter zuzuschreiben. Zum ersten Mal erklingt der Blankvers, d. h. also der fünfhebige ungereimte Jambus, 1757 in Winterthur in der Schweiz auf der Bühne, als ein Drama von Wieland *Lady Johanna Gray* aufgeführt wird. Acht Jahre später, 1765, kann der junge Goethe schon feststellen, daß dieser Vers von den Verstheoretikern als der für das Trauerspiel geeignetste angesehen wird. Als dann Lessing 1779 für seinen *Nathan der Weise* den Blankvers wählt, steht er, wie Sie sehen, schon in einer Tradition. Es kommt ihm also keineswegs der Ruhm zu – wie es immer wieder dargestellt wird – als erster den Blankvers verwandt zu haben.

In der Epik schließlich wird der bis dahin herrschende gereimte Alexandriner nun durch den Hexameter abgelöst. Im denkwürdigen Jahr 1748 erscheinen die drei ersten Gesänge von Klopstocks *Messias* und zeigen den Zeitgenossen den Hexameter als neue epische Formmöglichkeit. Der Historiker fügt allerdings hinzu, daß der Hexameter der deutschen Literatur durchaus bekannt war. Schon unsere gelehrten Humanisten hatten im Hinblick auf den lateinischen Hexameter entsprechende deutsche Verse gebaut, freilich mit dem Bewußtsein, dauernd Tonbeugungen zu begehen. Ein Hexameter des 16. Jahrhunderts lautet etwa: «Ó Vatér unsér, der Dú die éwige Wóhnung». Sie sehen, genau wie im lateinischen Hexameter kommt es erst am Versende, in den letzten beiden Hebungen zu einer Korrespondenz zwischen Wortakzent und Versakzent. Man hat auch gelegentlich im 17. Jahrhundert Hexameter, nun ohne Tonbeugungen, gebaut, sie aber durchweg gereimt. Im 18. Jahrhundert hat dann vor allem Gottsched den Hexameter gefördert, wie es überhaupt an der Zeit scheint, die bequeme Formel von Gottsched als dem Verhinderer aller Dichter, dem Reaktionär des Verses, der Sprache und des Stils aufzugeben. Gottsched hat sich sowohl um Stil- wie Versprobleme ein großes Verdienst erworben. So hat er auch den Hexameter empfohlen und Proben gegeben, von denen wir wohl mit Heusler sagen dürfen: «Die Hexameter von Gottsched sind besser als die Hexameter eines Klopstock.»

Was Klopstock 1748 unternahm, war also nichts völlig Neues, obgleich er, wie wir wohl sagen dürfen, selber etwas Propaganda mit seiner großen Neuerung getrieben hat. Er selber hat das berühmte «Heureka» für sich in Anspruch genommen. Sie wissen, wenn etwas Neues in Erscheinung tritt, dann gibt es die Denkform des «Heureka», als sei eine plötzliche Eingebung einfach eine menschliche Denkform. Denken Sie an Galilei, dem plötzlich die Fallgesetze an einem herunterfallenden Apfel klar wurden, oder an das «Heureka» des James

Watt mit seinem berühmten aufblubbernden Teekessel, bei dessen Anblick ihm der Gedanke der Dampfmaschine kam. So hat Klopstock auch das «Heureka» für seine Findung des Hexameters geliefert: Auf einer Bank im Leipziger Rosental, da sei es geschehen, daß der Hexameter über ihn gekommen sei. Er habe sofort mit einigen Zeilen versucht, und siehe da, es sei gegangen, und so sei er dazu gekommen. Der Historiker stellt fest, er hatte gehört, daß sein Freund Ewald von Kleist gerade dabei war, in einem großen Gedicht – es erschien dann unter dem Titel *Der Frühling* – diesen Hexameter im Deutschen zu erproben, und das mag wohl eine wirksamere Anregung gewesen sein als die Bank im Rosental.

Klopstock hat seinen Hexameter nun immer wieder überarbeitet. Jede Ausgabe des *Messias* wurde von ihm in jeder Zeile überprüft. Und wir dürfen wohl im Rückblick feststellen: Er hat tatsächlich auf diese Weise die meisten Schwächen seiner ersten Hexameter verbessert, Schwächen, die darin bestanden, daß manche Zeilen nur fünf, manche dagegen sogar sieben Akzente hatten; andere Verse waren polymorph, d.h., es reihten sich lauter einsilbige Wörter aneinander, so daß man nicht wissen konnte, welches Wort denn nun eigentlich den Ton tragen sollte, wie z.B. folgende Zeile aus der Ode *Salem*: «Denn sie fühlt das noch nicht für ihn, was er für sie empfindet». Sie werden spüren: Man muß länger abzählen, bis man weiß, wo die Akzente liegen und alle Silben untergebracht sind, damit es ein Hexameter wird. Oder es gab wieder diese mißlichen Betonungen auf den schwachen Endsilben: «Ein sterbendér Messias». Alle diese Mängel der ersten Ausgabe hat Klopstock getilgt. Wir müssen freilich hinzufügen: Später hat sich ein neuer Mangel eingeschlichen. Das sind dann die berühmten falschen Spondeen. Der Hexameter im Griechischen und Lateinischen wiederholt ja sechsmal das Maß: lang – kurz – kurz. Sie wissen alle aus der Schule, daß dieses kurz – kurz ersetzt werden kann durch eine Länge. Und damit taucht das Problem auf: Wie hat also der deutsche Hexameterdichter diese Senkung zu behandeln? Wenn er es zweisilbig tut, ist alles in Ordnung, entspricht es völlig dem Klassischen. Wenn er es aber mit einer Silbe in der Senkung tut: Wie muß diese Silbe sein, damit sie der antiken Länge entspricht? Das war eins der dringenden verstechnischen Probleme des 18. Jahrhunderts. Heute machen wir uns wohl kaum noch Gedanken darüber. Wir sagen heute einfach: Die Senkung kann ein-

oder zweisilbig sein und fragen bei einsilbiger Senkung nicht mehr nach Länge oder Betonung der Silbe, die in der Senkung steht und eigentlich den Wert zweier Kürzen hat. Klopstock und seine Nachfolger haben sich darüber Gedanken gemacht und sind auf folgende unglückliche Lösung gekommen. Sie sagen: wenn die beiden Silben in der Senkung ersetzt werden durch eine Länge, dann entspricht der antiken Länge im Deutschen ein Akzent. Wörter wie Mondschein, Haustür lassen sich doch wohl am besten so in den Hexameter bringen, daß die betonte Silbe Haus- in die Senkung gestellt wird, dann bekommt die nächste Silbe -tür nun den metrischen Akzent sowieso. Im Schutze dieser Theorie füllen sich nun die Klopstockschen Hexameter in wachsendem Maße mit falschen Spondeen. Die Theorie ist dann von dem Rigoristen Voß übernommen und ausgebaut worden, der nun verlangt, daß im deutschen Hexameter nicht die natürliche, sondern gerade die künstliche Betonung herrsche. Voß scheint die künstliche Betonung als Aura für den fremden Vers gerade erwünscht. Er bezeichnet eine Zeile wie: «Dústere Stúrmnacht zóg, und gráuenvoll wógte das Méer auf» als kunstlose Natürlichkeit (Sie werden alle spüren: das ist betont, wie wir im Deutschen betonen) und empfiehlt nun, dieselbe Zeile zu ändern, so daß sie einen richtigen Hexameter gibt: «Dústere zóg Sturmnácht, grauenvóll rings wógte das Méer auf». Zweimal eine grobe Tonbeugung: «Sturmnácht, grauenvóll!» So sollen nach Voß alle deutschen Hexameter aussehen. Leider hat er damit nun Goethes Hexameter geschädigt. Goethe hat zunächst in *Reineke Fuchs* seine Hexameter natürlich heruntergeschrieben, so daß auf alle hundert Verse einmal eine Tonbeugung kommt. Ebenso sind Schillers Hexameter völlig korrekt. In *Hermann und Dorothea* läßt sich Goethe nun von August Wilhelm Schlegel, der auch zu den Rigoristen gehört, hineinreden und verbessert manche Fehler in seine ursprüngliche Fassung. Bei Goethe ist die Zahl noch verhältnismäßig gering. Aber es gibt nun bei Platen, bei Voß, eine Fülle von deutschen Hexametern, bei denen Sie in jeder dritten oder gar jeder zweiten Zeile eine solche Tonbeugung spüren. Und wir dürfen wohl heute im Rückblick nach 200 Jahren wieder entscheiden: Wir sind gegen solche Tonbeugungen verletzlich und wünschen uns Hexameter, die in jeder Zeile dem natürlichen Fluß der deutschen Sprache folgen.

Wenn wir zusammenfassend die gesamte Reform Klopstocks auf

ein Bestreben zurückführen wollen, so können wir einen Antrieb nennen: Klopstock wünscht den beweglichen Sprechvers. Eng verbunden mit diesem Stil oder besser: eine der Ursachen des neuen Sprachstils ist eine neue Auffassung von der Dichtung und vom Dichter. Der Dichter ist nun im Augenblick des Sprechens der Geweihte, der im gehobenen Tone von den großen Gedanken Gottes spricht oder singt; alle Themen Klopstocks: Freundschaft, Liebe, Natur, Vaterland sind ja für ihn große Gedanken Gottes. Von diesen großen Gedanken muß man in feierlich-bewegtem Tone sprechen. Und diesem Ton passen sich die neuen Versmaße an.

Meine Damen und Herren!

Wenn wir in das Zentrum unserer letzten Stunde die Einwirkung und Umformung der deutschen Literatur durch Klopstock gestellt hatten, so fragen wir uns nun: Wie hat Klopstock auf seine Nachfolger gewirkt, was ist von seinen Anregungen erhalten geblieben? Im ganzen können wir sagen: Die Neuerungen werden sehr verschiedenartig aufgenommen. Goethe und Schiller halten sich von den klassischen Odenmaßen fern. Weder Goethe noch Schiller dichten in alkäischen oder asklepiadeischen oder sapphischen Maßen. Etwas anders sieht es mit den freien Rhythmen aus. Die Stürmer und Dränger nehmen sie wohl auf, aber doch nur als eine Form neben anderen. Hier liegt der große Unterschied zwischen Klopstock und seinen Nachfolgern. Schlagen wir eine Sammlung der jüngeren Generation von Hölty oder von Bürger auf, die Klopstock ja verehren, die ihn als ihren Meister preisen und sich als Schüler bezeichnen, so finden wir doch ein völlig verändertes Bild. Hier herrscht eine ungleich größere Vielzahl von Versformen. Und zu unserer Überraschung ist der Reim wieder da, der bei Klopstock durchweg fehlte. Seine Schüler nehmen den Reim wieder auf. Wenn wir uns Hölty im besonderen zuwenden, so können wir sogar datieren. Im Jahre 1772, als Student in Göttingen, schreibt Hölty 25 Gedichte, von denen 18 ungereimt sind. Da folgt er also noch getreu der Linie Klopstocks, dessen *Oden und Elegien* 1771 erschienen waren. Im nächsten Jahre, 1773, schreibt Hölty 26 Gedichte, von denen 4 ungereimt sind. Von da an herrscht bei ihm eindeutig der Reim und mit ihm jene lyrische Gattung, die Klopstock kaum gepflegt hatte: das Lied. Für die Göttinger Stürmer und Dränger, den Göttinger Hain, steht das Lied wieder als beherrschende Form der Lyrik im Vordergrund. Das Lied muß für sie gereimt sein. Wir können das biographisch noch etwas verdeutlichen: Im Übergang vom Jahre 1772 zu 73 macht Hölty Bekanntschaft mit dem Minnesang. Am Minnesang liest er ab, daß ein Lied gereimt ist, und bei ihm lernt er eine neue Form kennen, die er immer wieder pflegt und die er vorher nicht ein einziges Mal verwendet hat: die sechszeilige Strophe. Lieder wurden bis dahin vielfach in 8-zeiligen Strophen gedichtet wie z.B. bei Christian Günther, der die 8-zeilige Strophenform bevorzugt. Im Laufe des 18. Jahrhunderts läßt sich eine Tendenz zur kürzeren Strophe beobachten. Für Hölty ist also dieser Vorgang auf die Begegnung mit dem Minnesang zurückzuführen. Hölty selber schreibt daneben weiterhin gelegentlich noch alkäische oder asklepiadeische Oden.

Bürger lehnt das von vornherein ab. Er mag die Stücke im antiken Silbenmaß und Ton bei Hölty «nicht genießen», und er stellt dann ein Gesetz auf: «Ich verkündige allen denen, die es noch nicht wissen, ein großes und wahres Wort: Ohne die Silbenstecherei darf kein ästhetisches Werk auf Leben und Unsterblichkeit hoffen.» Dieser Ausspruch ist zunächst gegen die freien Rhythmen gerichtet; denn die Bezeichnung «Silbenstecherei» meint ja nichts anderes als Metrum. Und da seiner Meinung nach kein ästhetisches Werk ohne Metrum auf Leben und Unsterblichkeit hoffen kann, so verzichtet er selber darauf, diese neue Form der freien Rhythmen anzuwenden. Bürger kommt nicht durch den Minnesang zum Reim und zur Metrik zurück, sondern durch die Italiener: «Ich habe täglich mehrere Italiener als Ariost, Tasso, und Petrarca von neuem gelesen, und alle meine Nerven schwirren von den himmelsüßen Tönen», schreibt er in dieser Zeit. Wenn er jetzt zu dichten anfängt, so versucht er es mit italienischen Formen. Er bürgert mit Heinse zusammen die Stanze in Deutschland ein, die achtzeilige Strophe mit dem Reimschema: ab ab ab cc, und er wird dann nach jahrzehntelanger Pause der erste sein, der in Deutschland wieder Sonette schreibt und sie seinem Schüler, dem Romantiker August Wilhelm Schlegel, übermittelt. Im ganzen haben wir also durch die Wiederaufnahme von Reim und Metrum das Bild einer größeren Vielfalt.

Die neue Vielfalt der Möglichkeiten bedeutet aber noch etwas mehr. Dieses Mehr möchte ich zunächst als differenziertes Stilgefühl bezeichnen. Klopstock erhob den Anspruch, die Norm für Lyrik überhaupt zu setzen. Er wünschte im Grunde die ganze deutsche Lyrik reimlos und in dem hohen Ton der Ode, Elegie oder Hymne vorgetragen. Die Göttinger wollen nicht mehr *ein* Maß, ein Versmaß als das gültige oder höchste setzen, sondern sie entwickeln ein ausgesprochenes Gefühl für das jeweils Gemäße. Damit wandelt sich auch der Sprecher der Lyrik. Für Klopstock ist das lyrische Ich der gehobene, geweihte Sprecher, der von den großen Gedanken Gottes spricht. Für die Stürmer und Dränger hier in Göttingen ist das lyrische Ich nicht mehr der priesterliche Sprecher, sondern da ist das lyrische Gedicht Ausdruck – sagen wir – des menschlichen Ich in seinen verschiedenen Gestimmtheiten: jetzt melancholisch, jetzt freudig oder nachdenklich, jetzt einschwingend in die Gemeinschaft eines Wir; keine dieser Haltungen hat vor anderen den Vorrang. Die ganze deutsche Lyrik soll nicht einem Ton gehorchen, sondern gerade der Wandel, die Ausdrucksfülle wird nun erstrebt.

Damit wandelt sich in der neuen Generation, obwohl sie sich als Schüler Klopstocks fühlt, die Auffassung von der Dichtung, die Auffassung vom Dichter und vom lyrischen Ich grundsätzlich. Bei Bürger ist diese neue Haltung bewußt belegt – Bürger schreibt eine Reimkunst. Er nimmt darin zur Frage der unreinen Reime Stellung (wir wissen aus dem Anfang der *Lenore*, wie unrein Bürger reimen konnte) und meint, in denjenigen lyrischen Gedichten, wo es auf höchste Korrektheit abgesehen sei, dürfe man keine unreinen Reime gebrauchen. Was man bei dem Boten Asmus gutheiße, könne man schwerlich dem *homme de lettres* Claudius zugestehn. «So dichtet, redet, versificirt und reimt auch Bürger, als Professor Bürger, ganz anders, als wenn er den Minstrel macht, wiewohl er als dieser keinen besonderen Namen führt. Das begreifen aber weder manche Nachahmer noch manche klügelnden Kunstrichter; und doch wäre es, dächte ich, so leicht zu begreifen.» Bürger unterscheidet also zwei Haltungen: Professor Bürger singt in hohem Tone anders als der Minstrel Bürger, der Volkssänger. Die Dichter jener Zeit bekommen nun ein besonderes Gefühl für die Aura jedes Versmaßes oder – wie wir es in der Verswissenschaft nennen – für das Ethos einer Versart. Böswillige Kunstrichter wollen es nicht begreifen. Bürger hat von Schiller eine vernichtende Kritik bekommen. Das ist nicht zufällig. Wenn wir Schillers Kritik an Bürger analysieren, stellen wir fest, daß wir bei der Klassik von neuem auf die Forderung nach einem einheitlichen Ton der Dichtung stoßen. Was Schiller Bürger vorwirft, ist zunächst die besondere Form seines lyrischen Ich, die Tatsache nämlich, daß er als einfacher, schlichter, gewöhnlicher, ja ordinärer Volkssänger sprechen und reimen könnte. Für Schiller gibt es nur *ein* lyrisches Ich, nämlich die gesteigerte, geläuterte, idealische Persönlichkeit. Das werden wir später bei Schillers klassischen Gedichten bestätigt finden. Die Kunst ist für Schiller nur noch eine, sie schließt eine Fülle von lyrischen Haltungen aus. Für ihn gibt es nicht Kunstlyrik und Volkslyrik, sondern nur die eine Kunst mit ihren gleichen

Gesetzen. Hier schließt sich also ein Bogen von Klopstocks Einheitlichkeit, die aufgelockert wurde im Sturm und Drang, zu einer neuen Einheitlichkeit – allerdings unter anderen Voraussetzungen – in der Klassik.

Wenn wir sagten, daß die Stürmer und Dränger das Ethos jedes Versmaßes erfühlen, so geht es da vor allen Dingen um das soziale Ethos. Die Dichter wissen genau, wann sie ein Lied in der Wir-Form schreiben und in welchem Versmaß; sie wissen genau, was ein volkstümliches Versmaß ist. Außerdem kommt etwas Neues hinzu – und hier spiegelt sich der Gang der deutschen Geistesgeschichte in der Versgeschichte –: diese Dichter haben ein besonderes historisches Gefühl. Das historische Denken wird in dieser Zeit ja als neues Lebensgefühl entwickelt. Die Stürmer und Dränger haben neben allem anderen ein genaues Gefühl für das historische Ethos eines Verses. Mit welchem Sinn für den historischen Hautgoût der Knittelverse wendet doch der junge Goethe diesen Vers an! Ebenso spricht sich Bürger immer wieder über den historischen Wert bestimmter Versmaße aus. Klopstock hatte den Hexameter nicht nur als Nachahmung griechischer Verse, sondern als einen deutschen Vers gebraucht. So hatte er in der Jugend 1748 an Bodmer geschrieben: «Wenn Ihnen und anderen, welchen Homers Vers bekannt ist, dieser deutsche Vers (des *Messias*) nicht anständig ist, so müssen Sie es der deutschen Sprache übelnehmen, daß sie nicht die griechische ist. Wenn Sie ihr dieses nicht übelnehmen, so werden Sie dem deutschen Hexameter nicht schlechterdings die Regeln vorschreiben, die der homerische hat.» Er will also keinen griechischen Hexameter schreiben, sondern dieses Versmaß für die deutsche Sprache erobern. Wenn Bürger sich nun daranmacht, Homer zu verdeutschen – und das ist eine Aufgabe, die sich viele vom Göttinger Hain stellen – so überträgt er ihn nicht in Hexameter, weil ihm das Versmaß zu fremd klingt. Homer ist ja für ihn der große Volksdichter; und gleichzeitig ist sich Bürger bewußt, daß die Griechen, die sich zur Zeit Platos an Homer begeistert haben, ihn mit dem historischen Gefühl für einen Dichter gelesen haben, der fünf Jahrhunderte früher geschrieben hat. Wenn Bürger nun also einen deutschen Homer schaffen will, dann will er das in einer Tonart und in einem Versmaß tun, das für den Deutschen seiner Zeit ebenfalls die historische Sphäre hat. So wählt er für seine Übertragung den fünffüßigen Jambus, den Blankvers. Es ist hier nicht die Stelle nachzuforschen, wie Bürger gerade auf diesen Vers kommt. Jedenfalls äußert er: «Wenn Homer als Deutscher zu Zeiten der Minnesänger oder Luthers (also in einem Abstand von 3–5 Jahrhunderten) gesungen hätte, dann hätte er es in Jamben getan.» Wenn Voß später die Übersetzung in Hexametern durchführt, dann geschieht das auch, um bewußt zu antikisieren und nicht mehr, wie beim jungen Klopstock, um einen deutschen Vers zu schreiben. Voss mutet gleichzeitig in dem Bestreben nach Archaisierung der deutschen Sprache in seiner Übersetzung vieles zu, was gegen ihren Formenbestand, was gegen die deutsche Grammatik geht.

Neben der Anregung durch den Minnesang bei Hölty, durch die Italiener bei Bürger ist nun aber das faszinierende Erlebnis für diese junge Generation doch das «Volkslied», um gleich Herders Bezeichnung zu übernehmen: das Volkslied mit seiner eigenen Metrik, mit seiner eigenen Reimkunst und seiner eigenen Rhythmik. Die verschiedenen Phasen der Bodenbereitung für die Aufnahme des Volksliedes sind Ihnen bekannt: Herders Aufsatz über Ossian, Herders Volksliedersammlung, die Aneignung von Percys englischer Balladensammlung und so fort.

> Es war ein König in Thule
> Gar treu bis an das Grab,
> Dem sterbend seine Buhle
> Einen goldnen Becher gab.

Da haben Sie Volksliedton: zunächst die vierzeilige Strophe. Wenn vorhin schon von einer Tendenz zur Strophenverkürzung im 18. Jahrhundert die Rede war, so gibt natürlich die Volksliedstrophe den entscheidenden Anstoß dazu. Die vierzeilige Volksliedstrophe mit der kurzen, drei- oder vierhebigen Zeile, mit der Freiheit der Senkung und des Auftaktes übernimmt nun der junge Goethe in seine Lieder wie andere Stürmer und Dränger auch. Besonders hingewiesen sei auf Maler Müller, dessen *Soldaten-Abschied* ja selber wieder zum Volkslied geworden ist. Herders Vorläufer in seinen Bemühungen um das deutsche Volkslied ist Gleim, den er auch mit Recht besonders schätzt. Schon Gleim versucht immer wieder, die Haltung eines volkstümlichen Sängers, eines volkstümlichen lyrischen Ich einzunehmen. Er erobert gleichzeitig für die deutsche Metrik ein neues Versmaß, die sogenannte Chevy-Chase-Strophe, die er aus der englischen Balladendichtung übernimmt. Klopstock hatte sie auch erprobt, sie dann aber liegenlassen. Gleim schreibt nun seine *Kriegslieder eines preußischen Grenadiers* in der Haltung eines einfachen Grenadiers und in dem Versmaß der Chevy-Chase-Strophe:

> Krieg ist mein Lied, weil alle Welt
> Krieg will, so sey es Krieg!
> Berlin sey Sparta, Preußens Held,
> Gekrönt mit Ruhm und Sieg!

So sieht diese vierzeilige Strophe aus: vierhebig, dreihebig, vierhebig, dreihebig mit Kreuzreim und durchweg männlichem Ausgang. Es ist eine Strophe, die – wie sich in der Geschichte der deutschen Verskunst gezeigt hat – besonders für die Balladendichtung geeignet ist. Im 19. Jahrhundert wird die heldische Ballade eines Strachwitz immer in diesem Versmaß geschrieben. Im 18. Jahrhundert versucht man, sie auch für die Lyrik zu erobern. Maler Müller schreibt ein Lied:

> Wo irr ich um des Meeres Strand,
> Wo find ich Armer sie?
> Ach über Strom und über Land
> Ich such und raste nie ...

Als Historiker stellen wir rückblickend fest, daß sich die Strophe in der Lyrik nicht gehalten hat.

Außerdem schreibt nun Gleim seine Romanzen aus der Haltung eines Bänkelsängers und hofft damit, die ordinäre Kunst der Bänkelsänger literaturfähig zu machen. Seine erste Romanze *Marianne* beginnt:

> Die Eh' ist für uns arme Sünder
>   Ein Marterstand;
> Drum, Eltern, zwingt doch keine Kinder
>   Ins Eheband.
> Es hilft zum höchsten Glück der Liebe
>   Kein Rittergut,
> Es helfen zarte, keusche Triebe
>   Und frisches Blut.

Eine ganz besondere Strophenform, gemischt aus einer langen Zeile – hier vierhebig, sie kann auch fünfhebig sein – und einer kurzen zweihebigen Zeile. Daß dieses Versmaß leicht etwas Lachenerregendes haben kann, ist leicht zu spüren. In diesem Sinne ist diese Strophe noch von Morgenstern im 20. Jahrhundert benutzt worden, der ihre latenten Energien zur Komik aktualisierte. Für das 18. Jahrhundert hatte diese Strophe eine andere Bedeutung. Sie wirkte da nicht komisch sondern volkstümlich. Die Strophe war vorher von Ewald von Kleist bei der Wiedergabe eines lappländischen Liedes benutzt worden, auf das Herder auch in seinem *Ossian*-Aufsatz hinweist.

> Komm, Zama, komm! Laß deinen Unmuth fahren;
> O du, der Preis
> Der Schönen, komm! in den zerstörten Haaren
> Hängt mir schon Eis.

Herman Meyer hat in seinem schönen Aufsatz *Vom Leben der Strophe in der neueren deutschen Lyrik* (*DVj Schr.* 1951), der gerade das Leben dieser Form verfolgt, eindeutig festgestellt: Für das 18. Jahrhundert bedeutet sie Volkstümlichkeit und Ausdruck der Liebessehnsucht. Sie wirkte gleichsam als ein tiefes Atemholen und ein kurzes Abseufzen, eine Möglichkeit, die in der Schallform dieser Strophe durchaus angelegt ist. Diese Strophe wurde später von Friederike Brun verwandt, auf deren Gedicht Goethe dann seine berühmte Kontrafaktur geschrieben hat, in der nun nichts mehr von Komischem und Lächeln Erregendem zu spüren ist:

> Ich denke dein, wenn mir der Sonne Schimmer
> Vom Meere strahlt.
> Ich denke dein, wenn sich des Mondes Flimmer
> In Quellen malt.

Es ist aus Zeitgründen nicht möglich, hier zu analysieren, woran es liegt, daß dem Versmaß hier nichts Komisches mehr anhaftet. Es liegt – um es wenigstens anzudeuten – am Bau der Kola, die ja bei Goethe überhaupt so wichtig sind.

Zum Schluß sei bei der Bestandsaufnahme historischer Versmaße noch auf den Knittelvers hingewiesen, den Goethe ja aufnimmt. Goethe lernt ihn in Leipzig durch Gottsched und durch die Proben altdeutscher Dramatik, die Gottsched abgedruckt hat, kennen. Er benutzt ihn nicht in der silbenzählenden und deswegen tonbeugenden Form des Hans Sachs, sondern in der frei füllenden Form eines Hans Folz und eines Rosenplüt und verwendet ihn nun mit jenem Sinn für den historischen Gehalt, für das Altdeutsche, für das Ehrbare und eben für die Patina, die über dem Versmaß liegt. Er benutzt ihn, wenn er Hans Sachs seine *Legende* nacherzählt: «Als noch, verkannt und sehr gering, / Unser Herr auf der Erde ging.» Er benutzt ihn zu dem großen Gedicht *Hans Sachsens poetische Sendung,* das eben auch dadurch etwas Biederes, Humoriges bekommt. Außerdem verwendet Goethe dies bieder-humorige Versmaß auch für Dramen wie den *Satyros* und den *Faust.* Wir müssen heute im Gefühl für den Knittelvers im *Faust* umdenken: Wenn wir heute ins Theater gehen, um eine Aufführung des *Faust* zu sehen, und der Vorhang geht hoch, dann wissen wir: Jetzt kommt der große Monolog, jetzt kommt die Beschwörung, jetzt kommt der Selbstmordversuch, von dem er gerettet wird. Für uns haftet dem Knittelvers im Faustmonolog nichts Humoriges mehr an. Wir hören nicht mehr, daß zumindest im Urfaust der Anfang ganz humorig klingt:

> Hab nun, ach, die Philosophei,
> Medizin und Juristerei,
> Und leider auch Theologie
> Durchaus studiert mit heißer Müh.
> Da steh ich nun, ich armer Tor,
> Und bin so klug, als wie zuvor.
> Heiße Doktor und Professor gar,
> Und ziehe schon an die zehen Jahr'
> Herauf, herab und quer und krumm
> Meine Schüler an der Nas' herum

Das ist von Goethe zunächst niedergeschrieben in dem weiten Abstand, im Lächeln über diese Gestalt, die da auftritt. Der junge Goethe verwendet den Knittelvers im Drama in all diesen Spielen vom Erdetreiben, in denen der Zuschauer mit lächelnder Distanz auf diese verworrene Welt herabschaut. Er soll lachen über den Satyros, und er sollte ursprünglich auch lachen über diesen Doktor Faust, der da sieht, daß er ein Tor ist und daß er schon «zehen Jahr / herauf, herab und quer und krumm / seine Schüler an der Nas'» herumführt. Wir Heutigen lächeln nicht mehr; das liegt zum Teil an den kleinen Änderungen, die Goethe am *Urfaust* vornimmt: Schon indem er die Form «meine Schüler an der Nas' herum» ersetzt durch «an der Nase herum» mildert sich ja etwas das Humorige. Vor allen

Dingen aber hat sich unser Gefühl für den Knittelvers durch das, was Goethe ihm zugemutet und anvertraut hat, gewandelt. Sobald Gretchen in Knittelversen zu sprechen beginnt, ist nichts Humoriges mehr da. Für uns wirkt die Wandlung, die Goethe mit dem Ethos des Knittelverses vorgenommen hat, auch auf den Anfang zurück. Damit stoßen wir auf ein wichtiges Phänomen, das wir auch schon bei Goethes Verwendung der einen volkstümlichen Strophe wahrnehmen konnten: Goethe hat als Versdichter die Kraft, das Ethos eines Versmaßes zu ändern.

Mit dem Knittelvers befinden wir uns aber schon unmittelbar in der Dramatik unseres Zeitabschnitts. Bleiben wir bei der Dramatik des jungen Goethe, so ergibt sich etwa die gleiche versliche Vielfalt, wie wir sie in den Gedichtsammlungen bei Hölty und Bürger angetroffen haben. Einige Dramen, die Spiele vom Erdentreiben, sind also im Knittelvers geschrieben, andere in der feierlich aufsingenden Form des freien Rhythmus, wie das dramatische *Prometheus*-Fragment. Die früheren Dramen: *Die Laune des Verliebten* und *Die Mitschuldigen* gehorchen noch der strengen Form des Alexandriners. *Goetz, Egmont, Die Geschwister* sind wie die meisten Dramen der Stürmer und Dränger – eine Ausnahme bildet Lenzens Dramenfragment *Catharina von Siena* – in Prosa geschrieben. Bei dem jungen Goethe also eine Fülle der Versmöglichkeiten, die dem Bild in der Lyrik bei Hölty und Bürger etwa entspricht. Wenn wir vorausschauen auf den klassischen Goethe um 1800, finden wir bei ihm wie bei Schiller nur noch *ein* Versmaß. Die Fülle der Versmöglichkeiten verengt sich in der Klassik auf den fünffüßigen Jambus. 1787 arbeitet Schiller seinen *Don Carlos*, gleichzeitig Goethe seine Prosa-*Iphigenie*, in den Blankvers um. Von da an wird der Blankvers der herrschende Vers des deutschen Dramas, nicht nur zur Zeit der Klassik, sondern auch durch das ganze 19. Jahrhundert. Ja, auch nachdem der Naturalismus das Prosa-Drama erneuert, greift man, wenn man überhaupt wieder zum Vers greift, gewöhnlich auf den fünffüßigen Jambus zurück, wie z. B. Hauptmann in seiner *Atriden-Tetralogie*.

Bei dieser weiträumigen Herrschaft des Blankverses müssen wir uns mit seinem Wesen etwas beschäftigen. Die äußere Form ist Ihnen allen geläufig: fünffüßige Jamben, nicht gereimt. Herder hat als einer der ersten dieses Versmaß empfohlen: «Es wird unserer Sprache zur Natur und zum Eigentum werden.» Er rühmt besonders daran, daß es sich «mehreren Denk- und Schreibarten anschmiege und ein hohes Ziel der Deklamation werden könne.» Herder spürt also sehr richtig: Der fünffüßige Jambus, der Blankvers, eignet sich für mehrere Schreib- und Stilarten, für hohes feierliches Sprechen ebenso wie für einen Parlando-Stil, für Reflexion ebenso wie für lyrische Aussprache. Tragen wir die Urteile unserer Dichter über den fünffüßigen Jambus zusammen – wie Heusler es getan hat – so finden wir gewöhnlich scharfe Kritik. Goethe sagt von dem Vers, er «ziehe die Poesie zur Prosa hernieder», Schiller nennt ihn den «lahmen Fünffüßler» und meint, daß er die «theatralische Wirkung oft abschwäche und den Ausdruck geniere». Platen gar nennt ihn einen «barbarischen Vers». Die Stimmen, die ihn verurteilen, lassen sich häufen. Trotzdem, er hat das deutsche Drama beherrscht. Heusler ist ihm nicht günstig gesinnt. Er stellt ihn in die Nähe der Prosa: Er sei so wenig als Vers ausgeprägt, daß er sich kaum von der Prosa unterscheide; das würde gefördert durch einige Freiheiten, die der Blankvers besitze. Hier müssen wir opponieren. Wenn Heusler sagt, es gehöre zu den Freiheiten des Blankverses, daß er vierhebig und manchmal sechs- und siebenhebig sein könne – unsere Klassiker und besonders Grillparzer haben ihn häufig so verwandt – so sind das Freiheiten, die jeder andere Vers auch hat. Auch in der deutschen Hexameterdichtung finden wir immer wieder einmal Verse mit fünf oder mit sieben Hebungen. Ebensowenig besteht die Freiheit des Auftaktes. Im Blankvers gibt es nur die eine unbetonte Silbe. In abweichenden Fällen ist bei den Klassikern damit zu rechnen, daß sie funktional erklärbar sind. So ist die Tasso-Zeile, wo einmal der Auftakt fehlt, berühmt: «⌣ Schwelle, Brust! – O Witterung des Glücks». Jeder Feinfühlige spürt aber sofort, wie hier der Schauspieler durch die Geste den Auftakt ersetzt. «⌣Schwélle» – die unbetonte Silbe ist gleichsam durch das tiefe Einatmen ersetzt. Daneben gibt es – allerdings sehr selten – Zeilen, deren Unregelmäßigkeit wohl nur auf Nachlässigkeit zurückgeführt werden kann. Für die berühmte Zeile mit zweisilbigem Auftakt aus dem *Wallenstein:* «Diesen Buttler geb ich noch nicht auf, ich weiß ...» habe auch ich keine funktionelle Erklärung. Nicht auf Nachlässigkeit zurückzuführen ist allerdings die Freiheit des Blankverses – nun eine wirkliche Freiheit –, mit einem Trochäus statt eines Jambus zu beginnen, wie etwa in folgenden Zeilen des *Tasso:* «Zieh oder folge, wenn ich nicht auf ewig ...» «mißgünstig sieht er jedes Edlen Sohn». Derartiges findet sich bei Goethe und Schiller immer wieder. Die Freiheit, im ersten Takt sozusagen die Akzente zu versetzen, besitzt der deutsche Vers ja überhaupt. Wann immer Sie in Jamben dichten, dürfen Sie mit einer betonten Silbe beginnen, dann folgt eine zweisilbige Senkung. Karl Philipp Moritz hatte sogar 1786 in seiner *Prosodie* besonders empfohlen, am Anfang einen Trochäus zur Abwechselung mit einzumischen.

Wie steht es nun mit zweisilbigen Senkungen im Innern des Verses? Bei den Klassikern sind sie dem Druckbild nach sehr häufig. Aber ordnen Sie die Fälle, so gehören sie fast alle dem Typus: «Könige», «ewige» zu, d.h. die beiden Silben «ige» werden von den Klassikern prosodisch als eine Silbe genommen. Vermutlich hat Goethe seine Schauspieler darauf ausgerichtet, «Kön'ge», «ew'ge» zu sprechen. Das ist also nur eine Unregelmäßigkeit im Druckbild. Ganz selten sind Fälle, wo wirklich einmal im Innern zwei Senkungen stehen. Iphigenie, von Thoas befragt, für wen sie die Fremden, die da gefangen sind, halte, antwortet: «Sie sind – sie scheinen – für Griechen halt' ich sie.» «Sie sind – sie scheinen – für Griechen» – da haben Sie einmal eine zweisilbige Senkung, aber die Funktion ist ganz deutlich: In dem Augenblick, wo Iphigenie lügen soll, kommt sie aus dem Takt. Derart funktional begründet finden Sie alle Unregelmäßigkeiten bei Goethe, meist auch bei Schiller.

Ein Wort zur Frage des Versendes. Wir dürfen im Deutschen den Blankvers entweder mit betonter oder mit unbetonter Silbe schließen. Aber kommen wir dann nicht aus dem Takt? Wenn der Vers mit einer betonten Silbe endigt, ist alles in Ordnung, da die nächste Zeile mit einer unbetonten beginnt, und wir im jambischen Auf und Ab bleiben. Aber wenn die Zeile weiblich, mit einer unbetonten Silbe endet – die nächste Zeile muß ja mit einer unbetonten beginnen – stoßen dann nicht zwei unbetonte Silben aneinander, die den jambischen Fluß unterbrechen? Zwischen den beiden Zeilen liegt das Zeilenende, das geheimnisvolle Zeilenende, das immer noch nicht erforscht ist. In der Beantwortung der Frage kann man sich wohl getrost an die Praxis halten: Wenn Sie fünffüßige Jamben hintereinander auf der Bühne hören, ja wenn Sie sie selber sprechen, werden Sie vermutlich niemals dadurch aus dem Takt kommen, daß eine Zeile mit unbetonter Silbe endigt und die nächste mit unbetonter Silbe beginnt. Ein Rigorist, Hebbel, hat es tatsächlich unternommen, in seinem

Drama *Genoveva* nur männliche Zeilenausgänge zu setzen. Uns scheint das ein überflüssiger Skrupel, der die Funktion des Zeilenausgangs unterschätzt. Schwieriger wird das Problem beim Enjambement, beim Zeilensprung. Bürger hat ihn sehr empfohlen, und Lessing hat ihn im *Nathan* bis zum Überdruß verwendet, ihn geradezu zu einem Stilkennzeichen des Blankverses gemacht. Um nur ein Beispiel zu geben:

>   Dies
> Hat alles zwischen uns verändert; hat
> Mit eins ein Seil mir umgeworfen, das
> Mich seinem Dienst auf ewig fessel. Kaum,
> Und kaum, kann ich es nun erwarten, was
> Er mir zuerst befehlen wird. Ich bin
> Bereit zu allem; bin bereit ihm zu
> Gestehn, daß ich es Euertwegen bin.

Sie sehen, Lessing verlangt hier ein Lesen, das kein Zeilenende mehr berücksichtigt. So sind denn auch die Zeilenausgänge im Enjambement notwendig männlich. Lessing sprengt im *Nathan* die Zeile des Blankverses. Schiller ist ihm in einigen Dramen gefolgt, und später stürmt vor allen Dingen Kleist immer wieder über das Zeilenende hinweg. Bei der Frage des Enjambements ist aber zudem besonders zu berücksichtigen, daß es ja sehr verschiedene Funktionen haben kann. Wenn etwa, wie hier bei Lessing «ihm zu / gestehn», das «zu» von seinem Infinitiv getrennt wird, dann müssen wir sofort weiterlesen, dann gibt es keine Pause. Hören wir dagegen den ersten Vers der *Iphigenie:*

> Heraus in eure Schatten, rege Wipfel
> Des alten, heil'gen, dichtbelaubten Haines,

Da ist doch wohl eine Pause am Zeilenende möglich, obwohl hier ein Genetiv mit seinem Substantiv syntaktisch eng zusammengehört. Goethe hat im Gegensatz zu Schiller und im Gegensatz zu Lessing die Zeile als Einheit aufgefaßt. Das wird deutlich an einer Erscheinung, die er beim Zeilenübergang zuläßt, im Innern der Zeile aber meidet. Als Beispiel seien zwei Zeilen vorgeführt, die Goethe selber geändert hat. Die erste Zeile lautet: «Ich denke anders und nicht ungeschickt». Goethe ändert sie in: «Ganz anders denk ich und nicht ungeschickt». Die zweite Zeile heißt: «O süße Stimme, o willkommner Ton.» Goethe ändert in: «O süße Stimme, viel willkommner Ton.» Goethe

entdeckt jedesmal einen Fehler. Und wer diesen Fehler noch nicht ge-
spürt hat, von dem muß man sagen, sein Ohr ist noch nicht genug
geschärft für die deutsche Verskunst. «Ich denke anders und nicht
ungeschickt» – «O süße Stimme o willkommner Ton». Goethe
ändert: «Ganz anders denk ich und nicht ungeschickt». «O süße
Stimme, viel willkommner Ton.» Nun werden Sie es heraushaben:
Beide Änderungen beruhen darauf, daß Goethe den Hiat, den Zusam-
menstoß eines auslautenden e mit einem neuen Wort, das mit einem
Vokal beginnt, eliminiert. Goethe empfindet den Hiat im Innern der
Zeile als eine Beeinträchtigung des Verses, läßt ihn aber am Zeilenende
gelten: «Denk an dein Wort und laß durch diese Rede / aus einem
braven treuen Mund ...»

Das alles sind technische Einzelheiten, die das Problem des Blankverses betreffen. Sein Hauptproblem liegt aber an einer anderen Stelle,
nämlich bei der Frage, ob wirklich alle fünf Hebungen, die das Metrum
als akzentuiert anweist, im deutschen Blankvers erfüllt werden. Die
Statistik besagt, daß in Goethes *Iphigenie* gewöhnlich nur drei von fünf
Akzenten innerhalb einer Zeile erfüllt sind. Ulrich Pretzel behauptet,
daß wir bei Stefan George den seltenen Fall haben – George benutzt
den Blankvers auch in der Lyrik – daß einmal alle fünf metrischen
Hebungen wirklich erfüllt sind. Im *Jahr der Seele*, meint Pretzel, gäbe es wirklich fünfhebige Zeilen:

> Der hügel wo wir wandeln liegt im schatten
> Indes der drüben noch im lichte webt
> Der mond auf seinen zarten grünen matten
> Nur erst als kleine weiße wolke schwebt.

Ich glaube allerdings nicht, daß alle fünf Hebungen gleichmäßig erfüllt sind. In der letzten Zeile «Nur erst als kléine wéiße wólke
schwébt.», sind zumindest vier Hebungen voll erfüllt, während der
Anfang doch wohl mit schwebender Betonung gelesen werden muß.
«Der mónd auf seinen zárten grünen mátten»–da haben wir auch nur
vier erfüllte Hebungen. Sicher aber dürfen wir sagen, daß,wo Stefan
George den fünffüßigen Jambus benutzt, die Dichte der Akzente
größer ist als bei irgendeinem anderen deutschen Dichter. Wenn bei
Goethe statistisch nachgewiesen ist, daß gewöhnlich nur drei Hebungen erfüllt werden, stellt sich die Frage, ob der Blankvers nicht doch
zur Prosa herabsinkt, indem praktisch bald eine einsilbige, bald eine

dreisilbige, ja gelegentlich sogar eine fünfsilbige Senkung gelesen wird. Verliert der Blankvers durch diese Unregelmäßigkeit nicht doch allen Verscharakter, nähert er sich der Prosa nicht doch an, hat Heusler nicht doch recht?

Um zu der Frage Stellung zu nehmen, können wir nur unbefangen einen Text hören. Wenn wir z. B. am Schluß der *Iphigenie* Iphigenies Rede hören, so fragen wir einfach: Entsteht bei dem Aufnehmenden noch der Eindruck des Verses? Und wenn ja, woran liegt es?:

> Nicht so, mein König! Ohne Segen,
> In Widerwillen, scheid' ich nicht von dir.
> Verbann' uns nicht! Ein freundlich Gastrecht walte
> Von dir zu uns: so sind wir nicht auf ewig
> Getrennt und abgeschieden. Wert und teuer,
> Wie mir mein Vater war, so bist du's mir,
> Und dieser Eindruck bleibt in meiner Seele.
> Bringt der Geringste deines Volkes je
> Den Ton der Stimme mir ins Ohr zurück,
> Den ich an euch gewohnt zu hören bin,
> Und seh' ich an dem Ärmsten eure Tracht:
> Empfangen will ich ihn wie einen Gott,
> Ich will ihm selbst ein Lager zubereiten,
> Auf einen Stuhl ihn an das Feuer laden
> Und nur nach dir und deinem Schicksal fragen.

Ich glaube, man kann als ganz Unvoreingenommener doch nur zu dem Urteil kommen: Das sind Verse, das ist keine Prosa. Und das, obgleich oft nur vier, oft nur drei Hebungen erfüllt sind. Das Geheimnis liegt auch hier wieder nicht in der ganz regelmäßigen Wiederkehr eines metrischen Schemas, sondern – wie meist bei Goethe – in den Kola, genauer gesagt in der Korrespondenz der Kola. Goethe will zunächst Einschnitte, die den Vers gliedern, so daß entweder zwei oder drei Akzente zusammengefaßt werden: «Ohne Segen, / In Widerwillen, scheid' ich nicht von dir. / Verbann' uns nicht! Ein freundlich Gastrecht walte / von dir zu uns». Es entstehen Korrespondenzen, die nun den Verscharakter ausmachen. Goethe wechselt zwischen den Möglichkeiten, die Zeilen zu unterteilen, so daß die Zeilenteile in der Struktur korrespondieren: Zwei Hebungen und drei Hebungen werden zusammengefaßt; dann wieder verwendet er ganze

Zeilen als einheitliches Kolon, und das wiederum durch einen ganzen Abschnitt, so daß nun Korrespondenz zwischen den einzelnen ganzen Zeilen entsteht: «Und dieser Eindruck bleibt in meiner Seele. / Bringt der Geringste deines Volkes je ...». Am Ende von Iphigenies Rede kehrt Goethe wieder zu der Form des leichten Einschnitts innerhalb der Zeile zurück. So also sieht der Blankvers der Goetheschen klassischen Dramen aus.

Wenn wir nun den Blankvers als das klassische Maß verlassen und auf die Dramatik des älteren Goethe vorausschauen, so stellen wir von der Versgeschichte her fest, was ja auch von der Geistes- und Stilgeschichte immer wieder bestätigt wird, daß Goethe sich zum Ende hin seinen Anfängen wieder nähert. An die Stelle der Herrschaft des Blankverses, überhaupt eines einheitlichen Versmaßes, tritt beim alten Goethe wieder eine Fülle, die die Vielfalt der Möglichkeiten in seiner Jugend noch beträchtlich übertrifft. *Faust II* enthält ja fast alle Metren, die im Deutschen überhaupt möglich sind.

Meine Damen und Herren!

Damit stehen wir nun vor der großen Aufgabe innerhalb unseres Kapitels vom deutschen Vers von Klopstock zur Romantik, vor der großen Aufgabe, Goethes Verskunst zu skizzieren. Meine Damen und Herren – das Buch über Goethes Verskunst, wie wir es uns wünschten, ist noch nicht geschrieben und wird vorläufig noch nicht geschrieben werden, weil es einfach an den nötigen Vorarbeiten fehlt. So bitte ich Sie, das Folgende nur als Skizze zu nehmen. Es ist hinzuzufügen, daß hier manches vorgetragen wird, das noch nicht druckreif ist, daß vieles zunächst auf Beobachtungen beruht, auf Beobachtungen, die einer eingehenden Nachprüfung bedürfen.

Wenn wir im Vorangehenden andeutend über den dramatischen Vers Goethes sprachen und der Name Goethes schon hier und da im Zusammenhang mit der Versgeschichte seiner Zeit aufklang, so wollen wir uns jetzt zunächst Goethe als Lyriker, und zwar als einer Einzelerscheinung, zuwenden. Goethe selber hat seine Gedichte nach Gruppen geordnet, die ungefähr Gattungen entsprechen. Sie finden in seinen Gedichten zunächst die *Lieder* und *Geselligen Lieder*, dann die *Balladen*; es folgen *Epigramme, Sonette, Gedichte vermischten Inhalts* und die Sammlung *Gott und Welt*. Wir fassen hier seine Gedichte zu drei Gruppen zusammen: zu der Gruppe der *Lieder*, dann der Gruppe der Sprechgedichte, zu denen die *Epigramme, Elegien, Gedichte vermischten Inhalts, Gott und Welt* gehören, und behandeln dann gesondert die Gruppe der *Balladen*.

Zunächst also Goethes Lieder. Das wichtigste Ereignis wurde schon vorweggenommen: Durch Goethes Liedkunst ist der Reim, der von den Anakreontikern abgelehnt wurde, wieder nahezu verbindlich geworden. Fast alle Goethischen Lieder sind gereimt. Gelegentlich in der Jugend finden Sie ungereimte Lieder wie etwa *Herbstgefühl* in freien Rhythmen oder ungereimt aus der ersten Weimarer Zeit *Mut*, das Eislauf-Gedicht, das beginnt: «Sorglos über die Fläche weg». Aber sonst reimt Goethe. Da ist nun freilich gleich etwas Äußeres hinzuzufügen, nämlich: Goethe reimt lässig, wie auch Schiller lässig reimt. Jakob Grimm hat ihm das bereits vorgeworfen. Wir dürfen wohl heute sagen: So vollendet Goethes Verse sind, in der Lässigkeit darf ihm kein junger Dichter mehr nachfolgen. Kein junger Dichter dürfte sich beim unreinen Reim auf Goethe berufen; denn Goethe selber hat ja den Anstoß zu unserer heutigen Forderung nach Reinheit des Reimes gegeben. Durch die Klassiker und besonders durch Goethe ist ja erst dieses so künstliche Gebilde der neuhochdeutschen Schrift- und Dichtersprache zu einer wirklichen Einheit, zu einer lebendigen Einheit geworden. Gerade durch die Klassik ist das deutsche Gehör so geschärft worden, daß es unreine Reime nicht mehr erträgt. Bei Goethe selber sind wir gewohnt, unser modernes Unbehagen seinen unreinen Reimen gegenüber mit einem Gefühl der Pietät zuzudecken. Goethe reimt also «liebest» auf «betrübest». Bei den kurzen Vokalen «blick» – «Glück» wäre es uns vielleicht im Grenzfall heute noch mög- lich. Aber sobald es sich um die langen Vokale handelt, «liebest» – «betrübest», ist unser Ohr empfindlich gestört. Oder Goethe reimt ö auf langes e: Höh und See, oder ei auf eu. Im *Mailied* haben Sie den berühmten Reim: «Gesträuch» reimt auf «Zweig». Dieses Beispiel enthält gleich eine zweite Unreinheit: nämlich auch die Konsonanten entsprechen sich nicht. Goethe hat offensichtlich so mundartlich ge- hört, daß ihm der Reim von g auf ch gar nicht ins Ohr fiel. Sie alle ken- nen den Reim: «Ach neige, / Du Schmerzenreiche». Auch im Ge- brauch des s erlaubt sich Goethe Lässigkeiten: Getöse, stimmhaftes s, reimt bei ihm gelegentlich auf «Blöße», stimmloses s. Es begegnet auch einmal «ermunterst» zu «bewunderst», alles Unreinheiten, die wir von einem heutigen Dichter nicht mehr hinnehmen würden. Seltsamerweise dürfen wir aber wohl sagen, die Unreinheit der Goethischen Reime stört uns weniger als die Unreinheit der Schiller- schen Reime. Das liegt daran, daß sich bei Goethe der Reim ganz natürlich einstellt. Bei Schiller hat der Reim immer etwas Forciertes, Dröhnendes. Bei Goethe stellt er sich von selber ein, und der Klang, auch der Innenklang der Verse ist so, daß wir gleichsam nicht auf das Bindemittel des Reimes angewiesen sind. Der Reim wirkt bei Goethe niemals gesucht. Außerdem behandelt er den Reim auch niemals, wie etwa später die Romantiker, als Manierist. Alle Unregelmäßigkeiten und Auffälligkeiten lassen sich sofort funktional bei ihm erklären. Als Beispiel für auffällige Reimfügung bei Goethe möge sein Gedicht *Nachtgesang* dienen. Er dichtete es im Anklang an ein italienisches Volkslied mit dem Refrain: «Dormi que vuoi di più» (Schlafe, was willst du mehr); wie Goethe ja überhaupt öfters Anregungen von anderen Gedichten aufnimmt und neu verarbeitet:

O gib, vom weichen Pfühle,
Träumend, ein halb Gehör!
Bei meinem Saitenspiele
Schlafe! was willst du mehr?

Bei meinem Saitenspiele
Segnet der Sterne Heer
Die ewigen Gefühle;
Schlafe! was willst du mehr?

Die ewigen Gefühle
Heben mich, hoch und hehr,
Aus irdischem Gewühle;
Schlafe! was willst du mehr?

Vom irdischen Gewühle
Trennst du mich nur zu sehr,
Bannst mich in diese Kühle;
Schlafe! was willst du mehr?

Bannst mich in diese Kühle,
Gibst nur im Traum Gehör.
Ach, auf dem weichen Pfühle
Schlafe! was willst du mehr?

Sie werden die vollendete Verwendung des Refrains durch das Gedicht spüren. Uns interessiert hier die Reimfügung. Jede erste Zeile einer Strophe nimmt die dritte Zeile der vorhergehenden wortwörtlich auf, und so geschieht es, daß durch das ganze Gedicht – da ja auch der Refrain festliegt – nur zwei Reime gebraucht werden, der Reim auf «ühle» und auf «Gehör» bzw. «mehr». Das ist so natürlich gefügt, daß es uns beim Lesen oder Hören gar nicht aufdringlich, kaum bewußt wird. Sie werden spüren, wie hier nun gleichzeitig die Versfügung dazu beiträgt, um diesen Nachtgesang, das Bestrickende des Schlafens, des Einlullens in uns zu erzeugen, ohne daß wir es als Auffälligkeit zunächst voll realisieren. Die erste Zeile ist jambisch gebaut; Sievers, der Begründer der Schallanalyse, würde wohl sagen: Die erste Zeile wird in Normalstimme gesprochen. Dann schlägt es um in eine Art trochäischen Verses «Träumend, ein halb Gehör!» – Sievers würde von Umlegstimme sprechen. So wandeln sich dauernd erste und zweite

Zeile; und wieder waltet hier das Goethische Geheimnis der Korrespondenz der Zeilen. Erste und zweite Zeile sind jeweils als Kehre, Hin- und Hergang des Verses, zusammengefügt. Aufsteigender Rhythmus: jambische Zeile «O gib, vom weichen Pfühle» – fallender Rhythmus: trochäische Zeile «Träumend, ein halb Gehör!» Der gleiche Wechsel wiederholt sich: «Bei meinem Saitenspiele / Schlafe! was willst du mehr?»: ein Beispiel für die Modulationsfähigkeit der Goetheschen Verse.

Wenn wir an unsere große Konzeption der deutschen Versgeschichte zurückdenken, an die beiden Pole, zwischen denen sie sich bewegt: den flüssigen Rhythmus und den bauenden Rhythmus, so hat uns Goethe selber ein Bekenntnis abgelegt, nämlich ein Bekenntnis zum fließenden Rhythmus. Goethes Verse – so dürfen wir wohl sagen – stellen eine Totalität, einen Kosmos dar. Er nimmt alles auf, was Klopstock gebracht hat, die Begegnung mit dem antiken Vers, er nimmt auf den Hexameter, das Distichon; er nimmt auf – und war ja führend dabei – den Volksliedvers, er nimmt auf den altdeutschen Vers – und war ja führend in der Neueinführung des Knittelverses – er nimmt auf, was die Romantiker und was die Romania ihm an Verskunst zutragen; aber alles nimmt er auf und verarbeitet es gleichsam vom Geist der deutschen Sprache her. Goethe meidet als Verskünstler alle Extreme. So folgt er Klopstock nicht in der genauen Nachbildung der antiken Oden, die er doch als zu griechisch empfindet, um sie im Deutschen getreu nachbilden zu können. Von den romanischen Versmaßen begeistert er sich für die Stanze und die Terzine. Er hat sich aber lange gesträubt gegen das Sonett, gegen eine Bauform, die ihn zum Bauen zwang und ihm darum zu künstlich schien. Dem Zwang der Reimfülle im Sonett – zwei mal vier, zwei mal drei Reime – beugte er sich nur ungern; erst spät hat er nachgegeben und Sonette geschrieben. Auch die komplizierten französischen Versmaße wie das Rondeau und das Triolett hat er nicht übernommen, und ebenso galt sein Widerstand dem Ghasel in der orientalischen Verskunst, als er ihm bei Hafis begegnete. Im *Divan* hat er in dem Gedicht *Nachbildung* darüber gesprochen:

> Zugemessne Rhythmen reizen freilich,
> Das Talent erfreut sich wohl darin;
> Doch wie schnelle widern sie abscheulich,

Hohle Masken ohne Blut und Sinn.
Selbst der Geist erscheint sich nicht erfreulich,
Wenn er nicht, auf neue Form bedacht,
Jener toten Form ein Ende macht.

Das ist ein Bekenntnis gegen starre Formen, die nur erfüllt werden sollen. «Der Geist, wenn er nicht auf neue Form bedacht» – Goethe schlägt mit dieser Zeile nicht vor, neue Schemata zu konstruieren. Es gibt kein Schema in der deutschen Lyrik, das an den Namen Goethes geknüpft wäre, so wie die «Freien Rhythmen» mit dem Namen Klopstock verbunden sind. Goethe ist kein Revolutionär auf dem Versgebiet. Er verlangt hier nun aber eine Versform, die neu, die in jedem Augenblick eigentlich neu, die schmiegsam ist. Ein anderes Gedicht aus dem Divan *Lied und Gebilde* gehört hier in unsere Zusammenhänge:

> Mag der Grieche seinen Ton
> Zu Gestalten drücken,
> An der eignen Hände Sohn
> Steigern sein Entzücken;
>
> Aber uns ist wonnereich
> In den Euphrat greifen,
> Und im flüss'gen Element
> Hin und wider schweifen.
>
> Löscht' ich so der Seele Brand,
> Lied, es wird erschallen;
> Schöpft des Dichters reine Hand,
> Wasser wird sich ballen.

Mir scheint, dies Gedicht könnte man als Motto über Goethes Verskunst überhaupt setzen. Nicht starre Formen, die gebaut und erfüllt werden sollen, sondern das geballte Wasser als ideale Versform des Goethischen Gedichtes.

Nach diesem Einschub wenden wir uns wieder zum Goethischen Reim zurück. Nach der Unreinheit des Reimes fällt bei Goethe der doppelte Reim ins Auge. Es ist eine historische Feststellung, daß sich erst der ältere Goethe den vollen zweisilbigen Reim erlaubt, Reime wie: «Lauf stört» zu «aufhört» etwa finden Sie erst in der *Divan*-Zeit:

> Doch du fühlst, wie ich betrübt bin,
> Blickt dein Rand herauf als Stern!
> Zeugest mir, daß ich geliebt bin,
> Sei das Liebchen noch so fern.

Aber Goethe geht noch weiter bis zum dreisilbigen Reim. Im ersten Teil des *Faust*, am Ende der ersten Szene des Monologs, singt der Chor:

> Hat der Begrabene
> Schon sich nach oben,
> Lebend Erhabene,
> Herrlich erhoben,
> Ist er in Werdelust
> Schaffender Freude nah:
> Ach! An der Erde Brust
> Sind wir zum Leide da.

Die meisten Zeilen, so kurz sie sind, haben einen dreisilbigen Reim. Diese dreisilbigen Reime häufen sich dann am Ende von *Faust II* mit jenem markanten Rhythmus:

> Pfeile, durchdringet mich,
> Lanzen, bezwinget mich,
> Keulen, zerschmettert mich,
> Blitze, durchwettert mich!
> Daß ja das Nichtige
> Alles verflüchtige,

Wie Goethe auf diese markante Form des dreisilbigen Reimes gekommen ist, ist ein bisher von der Forschung noch nicht gelöstes Problem. Immerhin sei darauf hingewiesen, daß folgende Strophen nicht von Goethe stammen, sondern bei Zacharias Werner in seinem Drama *Das Kreuz an der Ostsee* stehen:

> Höre, Du Segnende,
> Sündern Begegnende,
> Mutter der Gnaden, mich,
> Blitze entladen sich,
> Treffen mich zündend hier,
> Sünd', ich erliege Dir!

In einem anderen Drama von Zacharias Werner *Wanda, Königin der Sarmaten*, finden sich entsprechende Verse:

> Schwimmend in Düften zieh'n
> Wir, und in Wogen blüh'n
> Wir, und in Strahlen glüh'n
> Wir, – suchen ihn! –
> Und wo wir hin auch zieh'n,
> Alle die Wogen blüh'n,
> Alle die Töne glüh'n:
> Immer nur – Ihn! –

Dieses Drama *Wanda, Königin der Sarmaten* ist von Goethe 1808 in Weimar aufgeführt worden. Sind damals diese seltsamen Verse mit ihrer prononcierten Rhythmik und ihrer Dreireimigkeit Goethe so im Ohr geblieben, daß er sie später für *Faust II* wieder aufnahm? – Ein weiteres Zitat von Brentano sei noch zugefügt:

> Traut nicht der kühlenden,
> Sorgen aufwühlenden
> Woge des Lichts.
> Führer der flockigten,
> Silberweißlockigten
> Herde, schau auf!

Es findet sich in seiner *Gründung Prags*. Damit haben wir also gleichsam ein rhythmisches Leitmotiv, das diese vier «kulturmythischen» Dramen unter der Signatur Calderons verbindet.

Im *Divan* versucht Goethe nun auch in der Lyrik die dreisilbigen Reime:

> Übers Niederträchtige
> Niemand sich beklage;
> Denn es ist das Mächtige,
> Was man dir auch sage.

Im *Divan* steht nun auch der reizvollste Reim, den Goethe geschrieben hat. Der reizvollste Reim, weil es der unreinste und zugleich reinste Reim Goethes ist. Das mag paradox klingen. Es ist ein Gedicht, das im Kreuzreim geschrieben ist, vierzeilige Strophe mit Kreuzreim ab ab:

> Locken, haltet mich gefangen
> In dem Kreise des Gesichts!

Euch geliebten braunen Schlangen
Zu erwidern hab' ich nichts.

heißt die erste Strophe. Dann folgt eine Strophe, die Hatem an Suleika
richtet:

Du beschämst wie Morgenröte
Jener Gipfel ernste Wand,
Und noch einmal fühlet Hatem
Frühlingshauch und Sommerbrand.

«Morgenröte» und dann als Reimwort darauf «Hatem»? Sie spüren
alle, wie hier für den Leser, der Versempfinden hat, das eigentliche
Reimwort lauten müßte: ein anderer Name. Goethe lüftet hier die
Maske, die er sich in der Gestalt Hatems vorhält.

Wir wenden uns nun – nach dem Reim – Goethes Versmaß, seiner
Versfügung zu. Während Goethe in den großen Sprechgedichten die
lange Zeile bevorzugt – jahrzehntelang liebt er den Hexameter und das
Distichon –, finden Sie in den Liedern immer wieder Kurzzeilen. Sie
finden Jamben, Sie finden Trochäen und Sie finden auch Mischungen,
zweisilbige Senkungen und dabei jeweils eben jene ««neue» Form,
d. h. die Form, wie sie jeweils für das eine Gedicht notwendig ist. Ich
gebe Ihnen dafür eine Probe aus der Weimarer Zeit, die auf dem
Gegensatz zweier Gedichte in verschiedener Strophenform aufgebaut
ist: Für die Getragenheit des ersten Gedichtes benutzt Goethe die
mögliche Monotonie des fallenden Verses, des Trochäus:

Meeresstille

Tiefe Stille herrscht im Wasser,
Ohne Regung ruht das Meer,
Und bekümmert sieht der Schiffer
Glatte Fläche rings umher.
Keine Luft von keiner Seite!
Todesstille fürchterlich!
In der ungeheuren Weite
Reget keine Welle sich.

Das zweite Gedicht: *Glückliche Fahrt* ist ganz getragen vom Aufatmen
des steigenden Jambus.

Glückliche Fahrt

Die Nebel zerreißen,
Der Himmel ist helle,
Und Äolus löset
Das ängstliche Band.
Es säuseln die Winde,
Es rührt sich der Schiffer.
Geschwinde! Geschwinde!
Es teilt sich die Welle,
Es naht sich die Ferne;
Schon seh' ich das Land!

In diesem zweiten Gedicht stoßen wir prosodisch auf eine Lieblings-
form Goethes. Das Versmaß dieses zweiten Gedichtes ist: unbetonte
Silbe, betonte Silbe, zweisilbige Senkung und dann wieder betonte.
In «Geschwinde! Geschwinde» haben Sie zwei sogenannte Amphibrachen. Ich vermeide in diesem Kolleg nach Möglichkeit die komplizierten technischen Ausdrücke. Amphibrachus ist griechisch und
heißt: rings herum kurz. Ein dreisilbiges Wort, erste und letzte Silbe
unbetont, die mittlere Silbe betont. Die Nebeneinanderstellung
der beiden Amphibrachen ergibt eine Dipodie. Das ist nun eine
prosodische Form, die Goethe sehr geliebt und kunstvoll benutzt
hat, wir werden später an anderer Stelle noch einmal darauf zurück-
kommen.

Die Schmiegsamkeit seiner Verse hat Goethe erst allmählich gewonnen oder besser, sie ist erst in einem bestimmten Zeitpunkt bei ihm
durchgebrochen, nämlich zur Zeit der Lili-Lyrik. Die Geschichte der
Goethischen Lieder ließe sich durchaus schreiben als Geschichte seiner
Liebeslieder. Dann könnte man etwa sagen: Mit Annette Schönkopf
verbinden sich die anakreontischen Lieder, es folgen die Sesenheimer
Gedichte, die in ihrem Versmaß nichts Neues bringen. Goethe wählt
für die bekanntesten, das *Mailied* zweihebige Jamben, für *Willkommen
und Abschied* vierhebige Jamben. In diesem Gedicht überspült er allerdings dauernd die Form, ja er zerstört sie sogar teilweise. (Darin liegt
auch der Grund für die eigentliche Unmöglichkeit seiner Vertonung in
Strophenform). Daß Lotte Buff keinerlei Spuren in Goethes Liebes-
lyrik hinterlassen hat, mag als deutliches Symptom gewertet werden,
daß es sich hier für Goethe nur um einen Ferienflirt handelte. Erst die

Lili-Lyrik also läßt die Geschmeidigkeit des Goethischen Verses nun klar hervortreten. Jetzt finden Sie plötzlich Mischungen von jambischen mit trochäischen Zeilen:

> Holde Lili, warst so lang
> All meine Lust und all mein Sang.
> Bist, ach, nun all mein Schmerz – und doch
> All mein Sang bist Du noch.

Das ist «geballtes Wasser». In dieser Zeit finden Sie nun auch zum ersten Mal bei Goethe lange und kurze Verszeilen miteinander verknüpft. Jetzt erscheinen madrigalische Verse, die nachher in der Weimarer Zeit so ausgebaut werden.

Die bekanntesten Lieder, *Nachtlieder des Wanderers* sind solche madrigalischen Verse. Das Gewagteste fast, was der junge Goethe geschrieben hat, ist jenes Gedicht *Auf dem See*, in dem sich in den drei Strophen dreimal das Metrum ändert, je nach dem Ton, in dem die Strophe gesprochen wird. Auch dieses Gedicht beginnt mit dem steigenden Verse: «Und frische Nahrung, neues Blut / Saug' ich aus freier Welt ...» Das sind jambische Zeilen; und dann kommt der Umschlag, nun der fallende Rhythmus:

> Aug', mein Aug', was sinkst du nieder?
> Goldne Träume, kommt ihr wieder?
> Weg, du Traum, so gold du bist:
> Hier auch Lieb' und Leben ist.

Und dann die dritte Strophe, die an sich dem Metrum nach auch trochäisch ist; aber es ist ein Trochäus ganz anderer Art als in der zweiten. Das Entscheidende dieser dritten Strophe ist wieder die Verbundenheit zweier Zeilen, die wir schon vorher einmal beobachtet haben:

> Auf der Welle blinken
> Tausend schwebende Sterne,
> Weiche Nebel trinken
> Rings die türmende Ferne;
> Morgenwind umflügelt
> Die beschattete Bucht,
> Und im See bespiegelt
> Sich die reifende Frucht.

Da spürt man wieder jene Kehre, die wir vorhin bei dem Nachtlied beobachteten, das Hingehen, Aufschwingen und Zurückschwingen. Dies Schwingen ist also der dritte Rhythmus in dem gleichen Gedicht, das sich aus so verschiedenen Strophen mit sich wandelndem Metrum zusammensetzt. Dergleichen ist erst bei dem Goethe der Lili-Zeit möglich. Die Lieder, die Frau von Stein gewidmet sind, bauen vor allem das Madrigalische als schmiegsame Form aus. Dann folgt eine große lyrische Pause, und danach schließlich der *Divan*. Wenn man weiterhin biographisch ausdeuten wollte, so müßte man wohl schließen: Suleika, Marianne von Willemer wäre Goethes größte Liebe gewesen; denn eine solche Fülle von Versmaßen wie im *Divan* hat Goethe nie wieder als Lyriker verwandt. Aber hier ist wie bei allen biographischen Ausdeutungen Vorsicht geboten. Der Anlaß zu dieser Vielfalt ist nicht in der Lebensbegegnung mit Marianne, sondern in der geistigen Begegnung mit Calderon zu suchen. Der Wechsel der Versmaße bei Calderon war schon Anlaß für den *Faust II* und ist es ebenso für den *Divan*. Plötzlich tauchen Formen wieder auf, die Goethe nur in der Jugend und dann nie wieder verwendet hat. Im *Divan* finden sich freie Rhythmen wie Knittelverse. Und im ganzen *Divan* herrscht ein so waches Kunstbewußtsein, daß man bei jedem Blättern immer neue Bezüglichkeiten und Wirkungen des Verses entdeckt. Die Göttinger Dissertation von Karin Helm: *Goethes Verskunst im West-östlichen Divan* hat schon einiges davon ausgeschöpft. Darin wird vor allen Dingen festgestellt, daß die Gestalten, die im *Divan* auftreten, rhythmisch abgetönt sind. Es gibt eine sogenannte Schenkenstrophe: Die Figur des Schenken spricht in einer besonderen Art der vierzeiligen trochäisch vierhebigen Strophe. Es gibt eine sogenannte Suleika-Strophe, auch sie in vierhebigen Trochäen. Die Unterschiede scheinen klein, sind aber doch durchaus erkennbar. Für den Schenken ist kennzeichnend der Einsatz:

> *Du*, mit deinen braunen Locken,
> Geh mir weg, verschmitzte Dirne!
> Schenk' ich meinem Herrn zu Danke,
> *Nun*, so küßt er mir die Stirne.

Diese neckische Zeile «*Nun*, so küßt er mir die Stirne», «*Schau!* die Welt ist keine Höhle», das ist der typische Tonfall für die Gestalt des Schenken, während die Suleika-Strophe ein anderes Kennzeichen hat.

Wir haben vorhin schon geachtet auf die Dipodien Goethes: «geschwinde». Diese Dipodien nun kennzeichnen die Suleikastrophe. Wohl die schönste Dipodie Goethes findet sich hier:

> Möge Wasser springend, wallend,
> Die Zypressen dir gestehn:
> Von Suleika zu Suleika
> Ist mein Kommen und mein Gehn.

Aber der metrischen Verweise im *Divan* ist kein Ende: Bekanntlich ist der ganze *Divan* eine Reise; der Dichter steigt auf bis zum Paradies im letzten Buch. Da befinden wir uns vor dem mohammedanischen Paradiese. An seiner Pforte hält nun eines jener angelischen Wesen Wacht, die in dem *Divan* die «Huri» genannt werden, und empfängt den aufsteigenden Dichter Hatem mit folgender Strophe:

> Heute steh' ich meine Wache
> Vor des Paradieses Tor,
> Weiß nicht grade, wie ich's mache,
> Kommst mir so verdächtig vor!

Wer Gefühl für Versmaß hat, hört wohl, daß die Huri, dieses angelische Wesen, hier die Suleikastrophe spricht. Eine Verbindung zwischen der irdischen und der angelischen Gestalt der Suleika stiftet sich schon allein durch den Vers. Hatem hört es natürlich auch. Und wenn er jetzt zu einer langen Rede ansetzt, spricht er erst von sich, gibt Antwort, wer er ist: «Denn ich bin ein Mensch gewesen, / Und das heißt ein Kämpfer sein.» Dann spricht er von ihr, die da dieses seltsame Versmaß gebraucht hat: «Ich wollt' es beschwören, ich wollt' es beweisen, / Du hast einmal Suleika geheißen.» Sie gibt es nicht sofort zu mit einem «Ja», sondern sie erzählt nun einen Mythos, einen Mythos in der heiter lächelnden Form des *West-östlichen Divans*. Sie erzählt nämlich, wie die Huri geschaffen worden sind:

> Wir sind aus den Elementen geschaffen,
> Aus Wasser, Feuer, Erd' und Luft
> Unmittelbar; und irdischer Duft
> Ist unserm Wesen ganz zuwider.

Oben im Paradies erwarten die Huris die gefallenen Moslems. Die Moslems aber, die Krieger, wenden sich ab. Jeder hat nämlich auf

Erden seine Favoritin gehabt und sucht sie nun auch im Paradiese wieder. Dann erzählt sie, Mohammed sei durchs Paradies gekommen, und da hätten sie ihn bestürmt:

> Da paßten wir auf seine Spur;
> Rückkehrend hatt' er sich's nicht versehn,
> Das Flügelpferd, es mußte stehn.
>
> Da hatten wir ihn in der Mitte! –
> Freundlich ernst, nach Prophetensitte,
> Wurden wir kürzlich von ihm beschieden;
> Wir aber waren sehr unzufrieden.
> Denn seine Zwecke zu erreichen
> Sollten wir eben alles lenken,
> So wie ihr dächtet, sollten wir denken,
> Wir sollten euren Liebchen gleichen.
> Unsere Eigenliebe ging verloren,
> Die Mädchen krauten hinter den Ohren,
> Doch, dachten wir, im ewigen Leben
> Muß man sich eben in alles ergeben.
>
> Nun sieht jeder, was er sah,
> Und ihm geschieht, was ihm geschah.
> Wir sind die Blonden, wir sind die Braunen,
> Wir haben Grillen und haben Launen,
> Ja, wohl auch manchmal eine Flause,
> Ein jeder denkt, er sei zu Hause,
> Und wir darüber sind frisch und froh,
> Daß sie meinen, es wäre so.
>
> Du aber bist von freiem Humor,
> Ich komme dir paradiesisch vor;
> Du gibst dem Blick, dem Kuß die Ehre,
> Und wenn ich auch nicht Suleika wäre.
> Doch da sie gar zu lieblich war,
> So glich sie mir wohl auf ein Haar.

Und nun antwortet Hatem (Ich hoffe, Sie haben inzwischen gehört, in welchen Versen hier die Huri die Mythologie erzählt):

> Du blendest mich mit Himmelsklarheit,
> Es sei nun Täuschung oder Wahrheit,
> Genug, ich bewundre dich vor allen.
> Um ihre Pflicht nicht zu versäumen,
> Um einem Deutschen zu gefallen,
> Spricht eine Huri in Knittelreimen.

An dieser Stelle greift Goethe noch einmal auf den Knittelvers, den urdeutschen Knittelvers zurück. Im *Divan* werden alle Bezüglichkeiten schon durch das Versmaß ausgedrückt, bevor Worte sie explicit aussprechen. Mit diesen vorerst flüchtigen Hinweisen sei die Gruppe der Lyrik, der Lieder beendet.

Wir wenden uns nun den großen Spruchgedichten zu. Auch dabei muß ich nun Unveröffentlichtes und vielleicht noch nicht Ausgereiftes vortragen. Erst gestern abend hat sich mir eine neue Beobachtung aufgedrängt. Der junge Goethe – so sagten wir – wählt als Sprechvers die freien Rhythmen. Dann aber heißt es plötzlich in der klassischen Zeit:

> Der Morgen kam; es scheuchten seine Tritte
> Den leisen Schlaf, der mich gelind umfing,
> Daß ich, erwacht ...

Es ist die *Zueignung* in der großen Form der Stanze. Zehn Jahre vorher war die Stanze von Heinse in die deutsche Literatur eingeführt worden. Goethe nimmt sie jetzt in Weimar als das Maß des hohen feierlichen Sprechens auf. Die *Zueignung*, das ganze Epos *Die Geheimnisse*, soll in Stanzen geschrieben werden. Es ist das Jahr 1784. Zwei Jahre später bricht Goethe zur italienischen Reise auf und kommt verwandelt zurück. Im folgenden Jahrzehnt dichtet er fast ausschließlich in Distichen oder Hexametern. Die Stanze bleibt vergessen. Die großen weltanschaulichen Gedichte *Die Metamorphose der Pflanzen*, die großen Elegien sind alle in der Form des antiken Distichons geschrieben. 1719, nach einem Jahrzehnt, endet diese Herrschaft des Hexameters und des Distichons. Goethe greift von neuem zur Stanze, und wieder vertraut er ihr eine *Zueignung* an:

> Ihr naht euch wieder, schwankende Gestalten,
> Die früh sich einst dem trüben Blick gezeigt.
> Versuch ich wohl, euch diesmal festzuhalten?

Fühl' ich mein Herz noch jenem Wahn geneigt?
Ihr drängt euch zu! nun gut, so mögt ihr walten,
Wie ihr aus Dunst und Nebel um mich steigt;
Mein Busen fühlt sich jugendlich erschüttert
Vom Zauberhauch, der euren Zug umwittert.

Fortan finden Sie – fast möchte man sagen – die bedeutendsten weltanschaulichen Gedichte Goethes in dieser Form. Dazu gehören die
Urworte. Orphisch, dazu gehört dann wohl auch ein Gedicht wie *Howards Ehrengedächtnis*. Howard ist ein englischer Meteorologe, der damals die Wolkenformen typisiert hatte in Stratus, Cirrus, Cumulus,
Nimbus. Goethe übernimmt diese Einteilung und verknüpft sie mit
seiner Symbolik. Es ist eines der tiefsten Gedichte Goethes in der
Versform einer abgewandelten Stanze. Eine abgewandelte sechszeilige Form der Stanze findet sich auch in der *Marienbader Elegie*. Schauen
wir uns die Gedichte noch einmal an: zuerst die große *Zueignung*: «Der
Morgen kam; es scheuchten seine Tritte» mit den Zeilen: «Und wie
ich stieg, zog von dem Fluß der Wiesen / Ein Nebel sich in Streifen
sacht hervor ...» Das ganze Gedicht ist ja auf dieses Bild von dem
Nebelstreifen hin angelegt, der dann von der Wahrheit gefaßt und zum
Schleier der Dichtung wird, die die Wahrheit dann dem Dichter über-
gibt. In dem nächsten großen Gedicht, der *Zueignung* zum *Faust* heißt
es dann: «... so mögt ihr walten, / Wie ihr aus Dunst und Nebel um
mich steigt;». Das ganze Gedicht *Howards Ehrengedächtnis*, das
also die vier Wolkenformen darstellt, beginnt: «Wenn von dem stillen
Wasserspiegelplan / Ein Nebel hebt den flachen Teppich an», dann
entsteht zunächst Stratus. Aufgetrieben wölbt sich nun dieser Nebel-
streif zum Cumulus, er verflüchtigt sich und rinnt dem Vater in Schoß
und Hand, wie es heißt, als Cirrus, und dann senkt er sich wieder als
Wetterwolke herab zum Nimbus, gewitterausladend. Und Goethe
schließt diese Strophe:

Die Rede geht herab, denn sie beschreibt,
Der Geist will aufwärts, wo er ewig bleibt.

Wenn Sie alle diese großen Gedichte lesen, dann stimmen sie nicht nur
überein in dem Versmaß der Stanze, sondern es gibt ein Bild, ein
Symbol, das ihnen gemeinsam ist, nämlich das Symbol des Nebels.
Wer mit Goethe vertraut ist, weiß, daß der Nebel eines der großen

Symbole Goethischen Denkens ist, umso bedeutsamer, als für ihn ja das Wesen, das Geheimnis der Kunst mit diesem Symbol des Nebels und Schleiers verbunden ist. So fügt sich in all diesen Gedichten das Versmaß zu einer bestimmten Bildlichkeit. Wie im *Divan* das Versmaß mit den Gestalten verbunden war, so ist in diesen großen Sprechgedichten das Versmaß, die Stanze, verbunden mit Bildlichkeit und geistigem Gehalt.

Goethes Wort wird uns nun verständlicher: Tote Formen hat er nie erfüllt, sondern neue lebendige Formen geschaffen. Ein Versmaß ist für Goethe kein leeres Gefäß, das gefüllt wird, sondern das Versmaß hat für ihn eine eingeborene Assoziation zur Bildlichkeit und zum Gehalt. Ich füge noch hinzu, daß das letzte der Urworte, nämlich *Elpis* überschrieben, ebenfalls das Bild des Nebels ausbreitet:

> Aus Wolkendecke, Nebel, Regenschauer
> Erhebt sie uns, mit ihr, durch sie beflügelt;
> Ihr kennt sie wohl, sie schwärmt durch alle Zonen;
> Ein Flügelschlag – und hinter uns Äonen!

Goethe hat hier im Kommentar etwas lakonisch geäußert, «jedes feine Gemüt» könne sich «den Kommentar zu dieser letzten Strophe selber schreiben». Mir scheint, man ist erst dazu in der Lage, wenn man erkannt hat, was für ihn die Stanze bedeutet und welche Bildlichkeit und welche Symbolik er ihr anvertraut.

Wir kommen nun zu einer anderen großen Sprechform, die Goethe nur zweimal angewendet hat, zur Terzine. Die Terzine, aus dem Italienischen stammend – Dante hat seine *Divina Comedia* in diesem Versmaß geschrieben – ist eine dreizeilige Strophe mit dem Reimschema aba; das setzt sich in der nächsten Strophe fort: bcb und verlangt also notwendig die Fortsetzung: cdc, so daß wir hier das seltsame Phänomen haben: eine Strophe drängt zugleich über sich selbst hinaus. Goethe war schon 1796 durch August Wilhelm Schlegel mit der Terzine bekanntgeworden. August Wilhelm Schlegel hat Dante gedeutet und zunächst in einer anderen Reimanordnung übersetzt, hatte dann aber in seinem Gedicht *Prometheus* die richtige strenge Terzine vorgeführt. Goethe äußerte damals – 1798 – das Reimschema wolle ihm bei näherer Ansicht nicht gefallen, weil es gar keine Ruhe habe und man wegen der fortschreitenden Reime nirgends schließen könne. 1798 ist dieses Vermaß also Goethe zu unruhig; der strophische Charakter ist ihm nicht ausgeprägt genug. Schiller antwortet ihm zustimmend, es leiere gar zu einförmig fort, und die feierliche Stimmung scheine ihm unzertrennlich davon zu sein; ein Beispiel dafür, wie Goethe und Schiller sich über solche technischen Fragen, über solche Eignungen der verschiedenen Versmaße unterhalten. Goethe schiebt also die Terzine beiseite, und erst 1826 finden wir ihn mit dieser Versform beschäftigt; damals war gerade die Übersetzung Dantes durch Streckfuß erschienen. Goethe las sie und probierte nun selber die Terzine. Er äußerte jetzt: «Terzinen müssen immer einen großen, reichen Stoff zur Unterlage haben.» Auch sie ist also in seinen Augen ein Versmaß für gehobenes Sprechen, für bedeutungsvolle Gehalte. In zwei Gedichten hat er sie in diesem Sinne angewandt, einmal in seiner *Betrachtung auf Schillers Schädel* von 1826, und dann finden wir sie im zweiten Teil des *Faust* im Anfangsmonolog des Faust. Die Frage stellt sich, ob Goethe auch hier einen gemeinsamen Gehalt nun gerade der Terzine anvertrauen möchte? Die *Betrachtung auf Schillers Schädel* schließt:

> Was kann der Mensch im Leben mehr gewinnen,
> Als daß sich Gott-Natur ihm offenbare?
> Wie sie das Feste läßt zu Geist verrinnen,
> Wie sie das Geisterzeugte fest bewahre.

Goethe spricht hier eine Polarität des Lebens als ein Grundprinzip aus: «Wie sie das Feste läßt zu Geist verrinnen» und gleichzeitig das «Geisterzeugte fest bewahre». Es ist wohl nicht zufällig, daß Goethe gerade die Terzine für diese Aussage gewählt hat, die Terzine, die ja strophischen Charakter hat, also das Flüssige bindet, und deren Strophencharakter gleichzeitig so aufgelockert ist, daß er sich gleichsam wieder in Bewegung umsetzt.

Der Schluß von Fausts Monolog hat folgenden Wortlaut:

> So bleibe denn die Sonne mir im Rücken!
> Der Wassersturz, das Felsenriff durchbrausend,
> Ihn schau' ich an mit wachsendem Entzücken.
> Von Sturz zu Stürzen wälzt er jetzt in tausend,
> Dann abertausend Strömen sich ergießend,
> Hoch in die Lüfte Schaum an Schäume sausend.
> Allein wie herrlich, diesem Sturm ersprießend,

Wölbt sich des bunten Bogens Wechseldauer,
Bald rein gezeichnet, bald in Luft zerfließend,
Umher verbreitend duftig kühle Schauer.
Der spiegelt ab das menschliche Bestreben.
Ihm sinne nach, und du begreifst genauer:
Am farbigen Abglanz haben wir das Leben.

«Am farbigen Abglanz haben wir das Leben»: Wieder wird in Terzinenform eine der großen Formeln des Lebens ausgesprochen. Wieder haben wir hier eine Polarität. Das Bild des Regenbogens als «farbiger Abglanz» umfaßt zugleich das Beständige der Sonne, die wir nicht unmittelbar anschauen können, und den stürzenden Wasserfall, das ewig Bewegliche. Der Regenbogen ist Symbol der «Wechseldauer». Das fügt sich im Gehalt sehr genau zu den Zeilen: «Wie sie das Feste läßt zu Geist verrinnen, / wie sie das Geisterzeugte fest bewahre.»

So ergibt sich, daß wir auch für die Terzine eine besondere Bildschicht und einen besonderen Bedeutungsgehalt annehmen dürfen. Mit diesem Gebrauch der Terzine hat zudem noch etwas Neues begonnen. Im Italienischen war ja die Terzine ein episches Versmaß. Goethe verwendet sie zweimal als lyrisches Versmaß. Auf diesem Wege hat er Nachfolger gefunden. Sie finden etwa bei Chamisso die Terzinen in der Erzählung von *Salas y Gomez* – das ist das Robinson-Motiv, – bei Rückert gibt es die Terzine in erzählender Form in *Flor und Blankflor*, Rückert verwendet außerdem die Terzine noch im lyrischen Gedicht. Das wird nach langer Pause dann im letzten Jahrzehnt des vorigen Jahrhunderts wiederaufgenommen, wenn der junge Hofmannsthal die Terzine wieder als Versmaß für lyrische Gedichte verwendet. Mit diesen Hinweisen beschließen wir diesen Abschnitt über Goethes Sprechdichtung und kommen nun zu dem dritten Abschnitt von Goethes Verskunst, zur Balladendichtung.

Die Neudichtung der Ballade im 18. Jahrhundert vollzog sich im Zeichen der Volkstümlichkeit. Wenn Herder vom Volkslied sprach, dachte er im Grunde immer an Balladen. Volkstümlich wollen und sollen auch sein die Balladen der Hölty und Bürger. Bürger selber wählte für seine Ballade eine Strophe, die ihm vom Kirchenlied und von Christian Günther her bekannt war. Der junge Goethe macht nun diese volkstümliche Ballade auch liedhaft: *Heidenröslein*, *Der König in Thule*. Dasselbe gilt noch für die Weimarer Balladen: *Der*

Fischer, *Erlkönig*. Da haben wir den Volksliedvers. Dann versickert bei Goethe die Balladendichtung, und erst während der Freundschaft mit Schiller 1797 wenden sich beide von neuem der Ballade zu. Goethes vier Balladen dieses Jahres: *Der Schatzgräber*, *Die Braut von Korinth*, *Der Gott und die Bajadere* und *Der Zauberlehrling* scheinen motivisch ganz das Frühere fortzusetzen. *Die Braut von Korinth*, eine Geistererscheinung wie in der *Lenore*, die Tote erscheint und zieht nun den Lebenden nach sich. In *Der Gott und die Bajadere* hebt der Gott «mit feurigen Armen» das verlorene Kind in den Himmel. *Der Zauberlehrling* deutet schon im Titel auf die magische Sphäre. Goethe bekennt ja dann Schiller gegenüber, sein Balladenstudium habe ihn wieder auf den «Dunst- und Nebelweg» des *Faust*, also in diese magische, balladeske Welt geführt. Das Überraschende ist, daß Goethe nun keineswegs für diese volkstümliche Motivik einen volkstümlichen Vers wählt, sondern er versucht in diesen vier Balladen etwas völlig Neues. Ich darf Sie bitten, beim folgenden Hören der Verse nicht so sehr auf den Inhalt wie auf das Versmaß zu achten:

> Nach Korinthus von Athen gezogen
> Kam ein Jüngling, dort noch unbekannt.
> Einen Bürger hofft' er sich gewogen;
> Beide Väter waren gastverwandt,
> Hatten frühe schon
> Töchterchen und Sohn
> Braut und Bräutigam vorausgenannt.

Die erste Strophe von *Der Gott und die Bajadere*:

> Mahadöh, der Herr der Erde,
> Kommt herab zum sechsten Mal,
> Daß er unsersgleichen werde,
> Mit zu fühlen Freud' und Qual.
> Er bequemt sich, hier zu wohnen,
> Läßt sich alles selbst geschehn.
> Soll er strafen oder schonen,
> Muß er Menschen menschlich sehn.
> Und hat er die Stadt sich als Wandrer betrachtet,
> Die Großen belauert, auf Kleine geachtet,
> Verläßt er sie abends, um weiter zu gehn.

Die erste Strophe des *Zauberlehrlings:*

> Hat der alte Hexenmeister
> Sich doch einmal wegbegeben!
> Und nun sollen seine Geister
> auch nach meinem Willen leben!
> Seine Wort' und Werke
> Merkt' ich und den Brauch,
> Und mit Geistesstärke
> Tu' ich Wunder auch.
>
> Walle! walle.
> Manche Strecke,
> Daß zum Zwecke
> Wasser fließe,
> Und mit reichem, vollem Schwalle
> Zu dem Bade sich ergieße!

Goethe erprobt in allen vier Balladen die zweiteilige Strophe. Hier haben wir nicht mehr eine einheitliche vier-, sechs- oder achtzeilige Strophe, sondern eine deutlich zweigegliederte Strophe. Das geht so weit, daß Goethe im *Zauberlehrling,* der letzten der Balladen, nun auch die beiden Hälften im Druckbild absetzt, die ja metrisch völlig anderer Art sind, wie auch in *Der Gott und die Bajadere* die beiden Hälften metrisch auseinanderfallen. Das Grundmaß ist immer wieder der vierhebige Trochäus, aber in der zweiten Strophenhälfte hören Sie ein daktylisches Versmaß mit durchgehend zweisilbiger Senkung: «Und hat er die Stadt sich als Wandrer betrachtet ...». Was diese Form der zweiteiligen Strophe ermöglicht, wird am deutlichsten – und wir können wohl eine Stufenleiter konstruieren – in der letzten Ballade, im *Zauberlehrling.* Da spricht in der zweiten Strophenhälfte jedes Mal der Lehrling den Besen selber an. Kehrreimartig wiederholt sich die zweite Hälfte der ersten Strophe: «Walle! walle . . Daß zum Zwecke» usf. Im ähnlichen Versmaß greift zum Schluß der Meister ein und spricht die bannende Zauberformel. Dadurch kommt in die Ballade eine Zweischichtigkeit, eine doppelte Ebene; die erste Strophe gibt gewissermaßen den Fortgang des Geschehens, in der zweiten Strophenhälfte befinden wir uns in der Sphäre der geheimnisvoll magischen Sprache. Ähnlich ist es in *Der Gott und die Bajadere:* die erste Strophenhälfte beschreibend, die zweite – wenn wir nun plötzlich in diese Daktylen einschwingen – distancierend, aus größerem Abstand gesehen. Hier erklingt der Chor der Alten mit seiner Lebensweisheit, hier wird auch die Deutung des ganzen Geschehens gegeben:

> Es freut sich die Gottheit der reuigen Sünder;
> Unsterbliche heben verlorene Kinder
> Mit feurigen Armen zum Himmel empor.

Es entsteht so eine deutliche Zweischichtigkeit, eine Doppelperspektive; um diesen Versuch geht es Goethe in der klassischen Zeit. Die Handhabung der Strophe setzt ein ganz strenges strophisches Gefühl voraus. Der klassische Goethe dieser Jahre 1797–99 hat ein ausgesprochenes Gefühl für die Eigenwertigkeit einer Strophe und lehnt alle Versmaße ab, die darüber hinausdrängen, wie wir es schon bei der Terzine sahen. In den gleichen Jahren gibt Goethe den Hexameter, das Distichon auf und wendet sich der Stanze zu. All dies sind Symptome für Goethes Neigung zu der festen geprägten Strophenform in dieser Zeit.

Die spätere Balladendichtung Goethes – 1802 haben wir Balladen, 1810 haben wir Balladen: *Hochzeitlied, Der getreue Eckart, Der Totentanz, Ballade* – die spätere Balladendichtung kehrt wieder zu den Anfängen zurück. So bestätigt sich auch auf diesem Felde der Balladendichtung die Dreistufigkeit: die bewegte Jugend, dann die Strenge der klassischen Zeit und die abermalige Auflockerung im Alter.

Meine Damen und Herren!

Wir haben in der letzten Stunde von dem zweiteiligen Bau der Goetheschen Balladenstrophe gesprochen. Es sei noch kurz darauf hingewiesen, daß die zweigeteilte Strophe keineswegs bei Goethe allein auftaucht, sondern daß hier ein strukturell und formgeschichtlich fruchtbares Arbeitsgebiet noch seines Bearbeiters harrt. Der Nährgrund solcher Kunstform ist die Teilung zwischen Sänger und Refrain. Sie geht auf Volkstümliches zurück, wo sich eine Strophe aufgliedert in die Strophe eines Vorsängers, dem von einem Chor in einem anderen Versmaß und von einer anderen Perspektive, eben der Perspektive des Wir, geantwortet wird. Auch bei Schillers Lied *An die Freude* finden wir eine ähnliche Struktur. «Freude, schöner Götterfunken», da haben Sie die achtzeilige Strophe des Vorsängers, dem dann der Chor in vierhebigen Trochäen mit anderer Reimstellung antwortet. Schiller hat das noch mehrfach erprobt. Im Jahre 1796 schreibt er das berühmte Gedicht: *Würde der Frauen*, das von den Romantikern so verspottet worden ist. Hier treibt Schiller mit dem Vers geradezu Programmusik. Er setzt nämlich die den Frauen gewidmete Strophe gegen die zweite Strophe ab, die dem Mann zugeordnet ist. Sie hören es sofort im Versmaß:

> Ehret die Frauen! Sie flechten und weben
> Himmlische Rosen ins irdische Leben,
> Flechten der Liebe beglückendes Band.
> Und in der Grazie züchtigem Schleier
> Nähren sie wachsam das ewige Feuer
> Schöner Gefühle mit heiliger Hand.

> Ewig aus der Wahrheit Schranken
> Schweift des Mannes wilde Kraft,
> Unstet treiben die Gedanken
> Auf dem Meer der Leidenschaft.
> Gierig greift er in die Ferne,
> Nimmer wird sein Herz gestillt,
> Rastlos durch entlegne Sterne
> Jagt er seines Traumes Bild.

Der wuchtige vierhebige Trochäus in einer achtzeiligen Strophe ist in dem Gedicht das Maß, in dem von dem Mann gesprochen wird. Das gleitende Versmaß der Daktylen in einer sechszeiligen Strophe ist das Versmaß für die Frauen. Am bekanntesten von Schillers zweigeteilten Gedichten ist *Das Lied von der Glocke*. In der einen Ebene, der trochäisch achtzeiligen Strophe, ist die Rede des Meisters gehalten: «Fest gemauert in der Erden / Steht die Form, aus Lehm gebrannt». An dieser Strophe lesen wir die Stationen des Glockengusses ab, da hinein schwingen sich nun in jambischen Versen: «Zum Werke, das wir ernst bereiten ...» die allgemeinen Betrachtungen.

Es sei kurz darauf hingewiesen, daß besonders in der Dichtung des Symbolismus wieder ähnliche Versuche auftauchen. Dante Gabriel Rossetti in England erprobt immer wieder die zwei- oder sogar dreiteilige Strophe mit wechselndem Versmaß. Ähnliches findet sich im Spanischen bei Garcia Lorca:

> Schon hat sich aufgetan
> Die Blüte des Frühmorgens.
> (Denkst du
> Der Tiefe des späten Tages?)
> Die Narde des Mondes
> Verströmt ihren kühlen Duft.
> (Denkst du
> des sommerlichen Anblicks?)

In Deutschland unternimmt dann später Hugo von Hofmannsthal wieder Versuche mit Gedichten in doppelter Ebene.

Nach diesem kleinen Exkurs wenden wir uns weiter Schiller zu. Wir haben ihn eben bei diesen Versuchen kennengelernt. Für ihn gilt zunächst das Gleiche, was wir für Goethe feststellten: in der Jugend nämlich eine Unruhe, ein Experimentieren, eine freudige Bereitschaft, neue Strophenmaße zu finden und zu erfüllen. Die *Anthologie auf das Jahr 1782*, die ja die Ernte des jungen Schiller enthält, ist unendlich reich an Versmaßen. Nur selten wiederholt sich das gleiche Versmaß. Eine gewisse Neigung zur sechszeiligen Strophe ist schon spürbar; es gibt aber auch Gedichte mit zweizeiligen, vierzeiligen, achtzeiligen, zehnzeiligen Strophen; die Strophenform wird sogar ganz aufgelöst; freie Rhythmen finden Sie: ein buntes Bild. Die Verskunst des klassischen Schiller engt sich ein auf nur noch zwei

Strophenformen: die sechszeilige Strophe und die achtzeilige Strophe. In dieses Versmaß drängt Schiller seine großen philosophischen Gedichte, aber auch seine Balladen. In der achtzeiligen Strophe, ab ab cd cd, sind geschrieben *Die Kraniche des Ibykus, Der Gang nach dem Eisenhammer, Ritter Toggenburg*, aber auch *Die Ideale, Die Götter Griechenlands*. Die Gefahr dieser Strophe liegt ja gewissermaßen in der Mitte; sie droht praktisch in zwei einzelne vierzeilige Strophen zu zerfallen. Diese Gefahr ist bei Schiller durchaus gebannt. Die Anfangsstrophe der *Ideale* lautet folgendermaßen:

> So willst du treulos von mir scheiden
> Mit deinen holden Phantasien,
> Mit deinen Schmerzen, deinen Freuden,
> Mit allen unerbittlich fliehn?
> Kann nichts dich, Fliehende! verweilen,
> O! meines Lebens goldne Zeit?
> Vergebens, deine Wellen eilen
> Hinab ins Meer der Ewigkeit.

Hier ist nach der vierten Zeile kein starker Einschnitt; die Bewegung drängt über die vierte Zeile hinaus und findet erst am Schluß der Strophe nun wirklich ihre Beruhigung: «Vergebens, deine Wellen eilen / Hinab ins Meer der Ewigkeit». Schiller – so dürfen wir sagen – hat den großen Atem, er hat die Spannkraft, um diese achtzeilige Strophe wirklich zu erfüllen.

Bei der sechszeiligen Strophe mit dem Schweifreim aab ccb ist ja schon durch die Reimanordnung dieser Zusammenhang gegeben, daß die Strophe sich erst mit dem letzten b erfüllt. Es ist an sich eine herrliche Strophe. Sie kennen sie alle von Claudius:

> Der Mond ist aufgegangen,
> Die goldnen Sternlein prangen
> Am Himmel hell und klar;
> Der Wald steht schwarz und schweiget,
> Und aus den Wiesen steiget
> Der weiße Nebel wunderbar.

Eine vollendete Strophe, gerade wenn Sie auf dieses Ziehen, dieses Drängen zur letzten Zeile hin achten. Und wir dürfen wohl sagen, daß Schiller auch diese Strophe, die eine seiner Lieblingsstrophen war, erfüllt. Verschiedene Balladen, etwa *Der Ring des Polykrates*: «Er stand auf seines Daches Zinnen» sind in diesem Versmaß geschrieben.

Um nun Schiller als Dichter des Verses kennenzulernen, wollen wir einen Blick auf seinen Schreibtisch werfen. Wir sind in der glücklichen Lage, ein unvollendetes Gedicht von ihm zu besitzen, an dem wir gleichsam die Phasen der Entstehung verfolgen können. Wir wollen daran kurz überprüfen, wann bei Schiller Verssprache, wann Reim einsetzt und wann sich das Versmaß entscheidet. Das Gedicht ist 1797 anläßlich des Friedensschlusses nach einem Koalitionskrieg geschrieben, der für die deutschen Staaten ungünstig ausging. Schiller benutzt diesen Anlaß zu einem Trostgedicht, um das Selbstbewußtsein des Deutschen wieder zu heben. Spätere Herausgeber haben ihm den Namen *Deutsche Größe* gegeben. Schiller notiert zunächst in Prosa Gedanken und gliedert die Absätze gleich so, daß sechs Zeilen Prosa etwa eine Strophe ergeben. Er beginnt: «Darf der Deutsche in disem Augenblick, wo er ruhmlos aus seinem thränenvollen Kriege geht, wo zwey übermüthige Völker ihren Fuß auf seinen Nacken setzen, und der Sieger sein Geschick bestimmt – darf er sich fühlen? Darf er sich seines Nahmens rühmen und freuen? Darf er sein Haupt erheben und mit Selbstgefühl auftreten in der Völker Reihe?» Fortlaufend gedruckt sind das ungefähr 6 Zeilen, die vielleicht eine achtzeilige Strophe ergeben. Schiller spürt, daß ihm da schon poetische Wendungen in die Feder gekommen sind: «Der Sieger sein Geschick bestimmt»; er schreibt an den Rand versuchsweise schon einige Verse:

> Wo der Franke wo der Britte
> Mit dem stolzen Siegerschritte
> Herrschend sein Geschick bestimmt?

Sie sehen, hier kündigt sich schon die sechszeilige Strophe an: aab. Der Reim b gefällt ihm noch nicht: «herrschend sein Geschick bestimmt». Er schreibt als andere eventuelle Zeile dazu: «Über seinen Nacken tritt!» Und nun geht es wieder noch weiter: «Schweigend in der Ferne stehen / Und die Erde theilen sehen.» Da hört die Konzeption auf. Es stiftet sich noch keine Reimzeile zu: «herrschend sein Geschick bestimmt». –

Er setzt dann weiter in Prosa ein. Eine spätere Zeile aus einem Vers am Rande lautet:

> Lächelnd naht der goldne Friede.
> Ohne Lorbeer, ohne –

ein Strich. Wieder hat sich das Reimwort nicht eingestellt. Und
Schiller gibt jetzt das Versschreiben am Rande auf, wendet sich der
Prosa zu: «Keine Hauptstadt und kein Hof übte eine Tyrannei über
den deutschen Geschmack aus. Paris. London. So viele Länder und
Ströme und Sitten, so viele eigene Triebe und Arten.» – Und nun
ist er schon wieder in Versschwung gekommen:

> Finster zwar und grau von Jahren,
> Aus den Zeiten der Barbaren
> Stammt der Deutschen altes Reich.
> Doch lebendge Blumen grünen
> Ueber gothischen Ruinen –

und nun versagt sich wieder die letzte, die Reimzeile. Schiller macht
Striche und notiert nun das Reimwort «gleich», zu dem die Zeile
noch fehlt.

Ein neuer Absatz folgt gleich in Versen:

> Ewige Schmach dem deutschen Sohne
> der die angebohrne hohe Krone
> seines Menschenadels schmäht
> Der sich beugt vor
> knieet vor einem fremden Götzen,
> Der des Britten todten Schätzen
> Huldigt und des Franken Glanz.

Das ist an sich wieder die sechszeilige Strophe. Und wieder stimmt
der Reim nicht. «Seines Menschenadels schmäht» und darauf als
Reimzeile «Huldigt und des Franken Glanz». Schiller hat es zunächst einmal hingeschrieben. Er merkt dann, daß der Reim nicht
stimmt, und notiert sich an den Rand als möglichen Reim auf «schmäht»
«düstern späht». Wie sich das syntaktisch verbinden wird, überläßt er
offensichtlich einer späteren Arbeitsphase. Offenbar ist er froh, zunächst ein Reimwort gefunden zu haben.

Ein letztes Beispiel in Prosa: «Nicht im Augenblick zu glänzen und
seine Rolle zu spielen, sondern den großen Proceß der Zeit zu gewinnen. Jedes Volk hat seinen Tag in der Geschichte, doch der Tag

der Deutschen ist die Aernte der ganzen Zeit – wenn der Zeiten Kreis sich füllt, und des Deutschen Tag wird scheinen» – und plötzlich merkt Schiller, daß er ja eben schon Verse geschrieben hat, daß er ja schon im Trochäus drin ist: «Wenn der Zeiten Kreis sich füllt, / und des Deutschen Tag wird scheinen» – und so setzt er nun mutig jetzt als Verszeilen fort:

> Wenn die Scharen sich vereinen
> In der Menschheit schönes Bild!

Da ist plötzlich ein Vierzeiler entstanden. Und Schiller hält noch einmal ein, prüft ihn und korrigiert ihn nun gleich in einer neuen Arbeitsphase:

> Jedem Volk der Erde glänzt
> Einst sein Tag in der Geschichte,
> Wo es strahlt im höchsten Lichte
> Und mit hohem Ruhm sich kränzt.
> Doch des Deutschen Tag wird scheinen,
> Wenn der Zeiten Kreis sich füllt.
> Wenn die Scharen sich vereinen,
> In der Menschheit schönes Bild!

In diesem Zustand ist das Gedicht liegengeblieben.

Was können wir aus diesen flüchtigen Beobachtungen feststellen? Schiller schreibt Verse, ohne daß sich der Reim sogleich fügt. Falsche Reime stellen sich ein, oder er notiert ein Reimwort, um es später auszufüllen. Bei Goethe war es wohl so, daß sich ihm mit dem Vers der Reim gleich ganz natürlich gab. In Goethes Konzeption ist der Reim wohl gleich miteingeflossen. Schillers Reime dagegen gehören einer zweiten Arbeitsphase an. – Noch ein anderes ergibt sich: das trochäische oder jambische Maß ist –so dürfen wir sagen – Schiller gemäß. Wenn er Prosa schreibt, gerät er von selbst in jambischen oder trochäischen Rhythmus, ohne daß der Strophencharakter festliegt. Anfangs drängt das Gedicht immer wieder zur sechszeiligen Strophe aab ccd, zum Schluß gerät er plötzlich in eine achtzeilige Strophe. Diese beiden Lieblingsformen des klassischen Schiller sind – wie wir erkennen – gleichfalls erst das Produkt einer späteren Arbeitsphase. Schiller kann schon Verse schreiben, schon rhythmische Zeilen haben, ohne daß der Strophencharakter festliegt. Das ist eine ganz andere Schaffensweise, als wir sie etwa von Hölderlin her kennen, bei dem ja gerade das Strophenmaß, die Strophenordnung oft das Primäre des ganzen Schaffensvorganges gewesen ist. Eine letzte Beobachtung: Wenn Schiller in vorpoetischer Prosa schreibt, dann schreibt er gleich in geordneten Kola, so daß die möglichen Verszeilen schon hervortreten. Im ganzen scheinen Schillers Versmöglichkeiten eng zu sein gegenüber dem Goethischen Reichtum. Der klassische Schiller hat sich zudem noch bewußt eingeengt.

Goethe und Schiller haben sich in ihren Unterhaltungen über Wesen und Eignung der Versmaße zu klären versucht. Schiller beginnt nun mit einer Tradition, die im deutschen Schrifttum reiche Nachfolge gefunden hat, nämlich mit der poetischen Ausdeutung bestimmter Versformen. Er charakterisiert etwa die Stanze folgendermaßen:

> Stanze, dich schuf die Liebe, die zärtlich schmachtende. Dreymal
> Fliehest du schamhaft und kehrst dreymal verlangend zurück.

Das Wesen des Hexameters faßt er folgendermaßen:

> Schwindelnd trägt er dich fort auf rastlos strömenden Wogen,
> Hinter dir siehst du, du siehst vor dir nur Himmel und Meer.

Dieses Spiel, in der entsprechenden Versform die Versform sich selber deuten zu lassen, haben besonders die Romantiker aufgenommen. Sie finden bei Schlegel immer wieder Verse über den Hexameter in Hexametern. Ein Sport wurde es geradezu bei den Romantikern, in Sonettform das Sonett zu deuten.

Ein Wort noch über Schillers Distichen. Die ersten Distichen schreibt er 1795; ein halbes Jahr nach der Bekanntschaft mit Goethe; und es ist wohl kein Zufall, daß Schillers Dichtungen in Hexametern und Distichen in die Zeit der Begegnung mit Goethe fallen. In dieser Zeit entstehen auch seine großen philosophischen Gedichte wie die *Elegie*, die wir heute unter dem Titel *Der Spaziergang* lesen: «Sey mir gegrüßt, mein Berg mit dem röthlich stralenden Gipfel!» ... Bei der Technik des Hexameters ist anzumerken, daß Schiller keine falschen Spondeen verwendet Heusler zählt auf 44 Verse nur einen falschen Spondeus. Schillers Hexameter gehören zu den reinsten im Deutschen. Ebenso nutzt er mit feinem Gefühl die antithetischen Möglichkeiten des Pentameters:

> Zeigt mir der Freund, was ich kann, lehrt mich der Feind, was ich soll.

Wo das gelehrte beginnt, hört das politische auf.

Was der eine verspricht, leistet der andre gewiß.

An dem letzten Beispiel wird die besondere Neigung Schillers zum Chiasmus, zur spiegelbildlichen Konstruktion deutlich. Vers und Metrum verschlingen sich bei ihm mit einer bestimmten stilistischen Tendenz.

Die Verskunst des späten Schiller deutet dann mögliche Wege an, die er selbst nicht mehr zu Ende gehen konnte. Jeder, der *Die Jungfrau von Orleans* kennt – und das sind wir ja alle –, erinnert sich der Tatsache, daß plötzlich Musikbegleitung da ist, und daß an manchen Stellen nicht mehr Blankverse gesprochen werden, sondern gereimte Verse, ja strophische Gebilde. Der große Monolog am Ende des Vorspiels «Lebt wohl ihr Berge, ihr geliebten Triften» geht über in die strenge Stanzenform. Diese Erscheinung steht in der *Jungfrau von Orleans* noch ziemlich isoliert. Viel reicher und bunter ist das Bild in der *Braut von Messina*. Dort zeigt sich bei Schiller etwas völlig Neues, eine neue Konzeption der Tragödie, fast eine neue Dramaturgie. Es wäre richtig, wenn der Regisseur, der dieses Drama inszeniert, es vom Vers her inszenieren würde. Schiller selbst hat in seiner Vorrede zur *Braut von Messina* den Gebrauch des Chores verteidigt und gedeutet und damit selbst einige Hinweise für die Inszenierung gegeben. Der Chor hat in dem Drama eine doppelte Funktion, einmal als Parteigänger und zum anderen als der ideale Zuschauer. In diesem Zusammenhang heißt es in der Vorrede: «So wie der Chor in die Sprache *Leben* bringt, so bringt er *Ruhe* in die Handlung.» Der Chor als Betrachtender bringt Ruhe in die Handlung, aber Leben in die Sprache. In welche Sprache? Die Hauptgestalten sprechen fast immer im Blankvers. Der Chor spricht nun in wechselnden Versmaßen, und Schiller versucht hier neue, kühnste Versmaße. Sein Vorbild dabei ist einmal die antike Tragödie. In diesem Jahre 1802–03 steht er unter dem Eindruck von Stolbergs Aischylos-Übersetzungen. Der Wechsel der griechischen Chorlieder war ihm auch durch Humboldt bekannt. Die von da her kommenden Anregungen nutzt nun Schiller, um durch den Chor dauernd den fünffüßigen Jambus unterbrechen zu lassen. Die eigentliche Rhythmik dieses Dramas ist nicht durch den Gang der Handlung, sondern durch die Sprache, die Verssprache bestimmt. Fünffüßiger Jambus bei den Hauptpersonen, der Chor in doppelter Funktion: als Parteigänger – wie Schiller sagt – verworren, blind, leidenschaftlich, spricht er die dieser Haltung entsprechende Sprache; als Betrachter, als idealer Zuschauer spricht er in anderen Maßen.

Schiller verband damit noch eine besondere Vorstellung: In diesen Tagen des Jahres 1803 hatte Zelter seinen Besuch in Weimar angekündigt, den er dann aber wieder absagt. Schiller schreibt ihm: «Wir hielten es nicht für unmöglich, die lyrischen Intermezzos des Chors ... nach Gesangsweise recitieren zu lassen und mit einem Instrument zu begleiten. ... Ihr Wegbleiben zernichtet nun zwar diese Hoffnung und wir werden das Stück mitsamt den Chören ... bloß deklamieren lassen.» Offensichtlich nähert sich also Schiller hier in gewisser Weise der Oper. Er denkt bei den lyrischen Intermezzi des betrachtenden Chors an Rezitation mit Musikbegleitung, an eine Art Sprechgesang, wie wir ihn etwa aus den Passionen Bachs kennen. Nur durch Zelters Nichtkommen wird diese Hoffnung zerstört. Eine kleine Probe möge Ihnen die Möglichkeiten der Sprache des Chors anschaulich machen. Zunächst sprechen beide Chöre:

> Preis ihr und Ehre,
> Die uns dort aufgeht,
> Eine glänzende Sonne,
> Kniend verehr ich dein herrliches Haupt.

Dann gliedert Schiller auf:
Erster Chor:

> Schön ist des Mondes
> Mildere Klarheit
> Unter der Sterne blitzendem Glanz,
> Schön ist der Mutter
> Liebliche Hoheit
> Zwischen der Söhne feuriger Kraft,
> Nicht auf der Erden
> Ist ihr Bild und ihr Gleichnis zu sehn.

> Hoch auf des Lebens
> Gipfel gestellt,
> Schließt sie blühend den Kreis des Schönen,
> Mit der Mutter und ihren Söhnen
> Krönt sich die herrlich vollendete Welt.

Zunächst werden hier reimlose Verse gesprochen, denen sich aber auf dem Höhepunkt plötzlich der Reim gleichsam von selbst zugesellt. Genau symmetrisch antwortet dann der zweite Chor; dann finden sich zum Schluß beide Chöre wieder zu den Schlußversen zusammen:

> Aber der Fürsten
> Einsame Häupter
> Glänzen erhellt,
> Und Aurora berührt sie
> Mit den ewigen Strahlen
> Als die ragenden Gipfel der Welt.

Bei aller Freiheit der Verse ist hier doch ein rhythmisches Leitmotiv hindurchzuspüren, das Leitmotiv des berühmten adonischen Verses: dámdada dámda: «Schön ist der Mutter / Liebliche Hoheit ...», «Schön ist des Mondes / Mildere Klarheit». Schiller gebraucht dieses Leitmotiv wohl mehr instinktiv als bewußt, um den Wechsel und die Freiheit der Sprache doch durch ein einigendes Band zu halten. So entsteht durch den Vers, rein von der Sprache her, eine Dreischichtigkeit des Dramas: die Gestalten sprechen im Blankvers, der verworrene parteinehmende Chor in wilden Versmaßen und der betrachtende Chor in diesen lyrischen kunstvoll gebauten Versen.

Übrigens dehnt sich gelegentlich die neugewonnene versliche Freiheit Schillers auch auf die Hauptgestalten aus. Die erste große Szene der weiblichen Hauptgestalt, der Schwester Beatrice, ist dreiteilig gebaut: drei Stanzen, dann freiere Verse, dann wiederum drei Stanzen. Cesar spricht im 4. Akt einmal im jambischen Trimeter. Schiller ist also hier auf einem überraschend neuen Wege, das Drama, die Dramaturgie des Dramas nicht mehr vom Geschehen, von der Situation her, sondern vom Verse aus zu konzipieren. «Alle acht Tage war er ein anderer und Vollendeterer.» Dieses Goethewort paßt wohl gerade für dieses Bemühen des späten Schiller um den Vers, ein Bemühen, das in der deutschen Dramatik ohne Nachfolge geblieben ist.

Meine Damen und Herren!

Mit Schiller verlassen wir nun das Gebiet der Klassik und wenden uns unter Umgehung Hölderlins gleich der deutschen Romantik zu. So lohnend es wäre, eine Monographie über Hölderlin zu schreiben, es würde eine Monographie bleiben; denn Hölderlin hat damals nicht auf den deutschen Vers gewirkt, da das meiste von ihm nicht einmal bekannt war. Hölderlins Weg sei also hier nur kurz angedeutet. Er führt von den odischen Maßen Klopstocks über die Schillersche Strophe wieder zu den griechischen Odenmaßen zurück. Im Alter nimmt Hölderlin dann, der eine Zeitlang der hellenistischste Dichter der deutschen Literatur war, die Möglichkeit der freien Rhythmen auf. Hölderlins Wirkung setzt erst um 1900 ein und ist besonders für Rilke bedeutungsvoll geworden. Wir sparen also im Zusammenhang unserer Versgeschichte die Gestalt Hölderlins aus und wenden uns gleich der Romantik zu.

Wir lehnen heute im allgemeinen die Strich'sche These von einem scharfen, radikalen Gegensatz zwischen Klassik und Romantik ab. Weder im Geistesgeschichtlichen, noch im Dichtungsgeschichtlichen, noch im Biographischen stellen sich uns ja Klassik und Romantik als Gegensätze dar. Und doch dürfen wir sagen, daß gerade in unseren Zusammenhängen der Versgeschichte die Verschiedenheit zwischen Klassik und Romantik sehr deutlich hervortritt. Goethe, der mit den Romantikern in freundschaftlichem Kontakt steht, verfolgt höchst aufmerksam ihre Entdeckungen und Bemühungen. Eine ganz enge Kontaktstelle für ihn wurde jenes Erlebnis am 2. und 3. Dezember 1799, als ihm Tieck im Schloß zu Jena seine *Heilige Genoveva* vorliest, jenes Drama, in dem fast alle Versmöglichkeiten des Deutschen ausgenutzt sind. Diese Lesung hinterläßt bei Goethe den nachhaltigsten Eindruck. Noch einer seiner letzten Briefe an Tieck erinnert an jene Stunden. Goethe verfolgt vor allem mit höchster Aufmerksamkeit die Entdeckungszüge der Romantiker in der spanischen Literatur und gewinnt von da her Anregungen, die er dann auf seine Weise aufnimmt und erfüllt.

Das Verhältnis zwischen Schiller und den Romantikern ist zunächst auch durchaus freundschaftlich. Die beiden Brüder Schlegel sind Mitarbeiter an den *Horen*. Aber gerade an Versproblemen tritt dann bald ein Gegensatz zutage. Jenes schon vorher erwähnte Gedicht Schillers *Würde der Frauen* mit seinem für Männer und Frauen wechselnden Versmaß gibt den Anlaß zu heftigen Auseinandersetzungen zwischen Schlegel und Schiller. Friedrich Schlegel findet diese metrische Rollenaufteilung einfach unerlaubt. Er veröffentlicht damals seine scharfe Rezension, die vor allen Dingen Schillers Verskunst immer wieder angreift. Es fällt darin das Wort von Schillers «Unvollendung», und es heißt, der Gebrauch des Rhythmus zur Malerei solcher Gegenstände ließe sich nicht rechtfertigen. Für Schlegel ist diese Technik, alle Frauenstrophen in Daktylen, alle Männerstrophen in Trochäen zu bilden, einfach Programm-Metrik: «Strenge genommen kann diese Schrift nicht für ein Gedicht gelten. Weder der Stoff noch die Einheit (das meint eben den Vers) sind poetisch, (und nun kommt eine ganz bissige Bemerkung, die Schiller tief verletzt hat) doch gewinnt sie, wenn man die Rhythmen in Gedanken verwechselt und das Ganze strophenweise rückwärts liest.» Diese wahrhaft boshafte Bemerkung veranlaßt Schiller zu dem Xenion mit der Überschrift *Schillers Würde der Frauen:*

> Vornherein liest sich das Lied nicht zum besten, ich les' es von hinten,
> Strophe für Strophe, und so nimmt es ganz artig sich aus.

Es entstehen damals eine ganze Reihe von Xenien, die gegen Friedrich Schlegel gerichtet sind; die letzte, eine Kriegserklärung, lautet dann *Guerre ouverte:*

> Lange neckt ihr uns schon, doch immer heimlich und tückisch,
> Krieg verlangtet ihr ja, führt ihn nun offen, den Krieg.

Trotz des offenen Krieges mit Friedrich Schlegel blieb das Verhältnis zu August Wilhelm noch freundschaftlich. August Wilhelm arbeitete an den *Horen* mit, und Schiller schätzte seine Beiträge. Auch August Wilhelm Schlegel hat sich damals über Schillers Gedicht erregt, war aber so klug, seine Parodie darauf erst im Jahre 1846 zu veröffentlichen. Schillers Gedicht begann ja: «Ehret die Frauen! Sie flechten und weben / Himmlische Rosen ins irdische Leben». Das wird nun folgendermaßen parodiert:

> Ehret die Frauen! Sie stricken die Strümpfe,
> Wollig und warm, zu durchwaten die Sümpfe,

Flicken zerrissene Pantalons aus;
Kochen dem Manne die kräftigen Suppen,
Putzen den Kindern die niedlichen Puppen,
Halten mit mäßigem Wochengeld Haus.

1795 erscheint in den *Horen* ein Essay von August Wilhelm Schlegel: *Briefe über Poesie, Silbenmaß und Sprache*. Der Titel enthält schon das Programm, nämlich die Dreieinheit von Poesie, Rhythmus und Sprache. Um die Gedanken, die leider nicht scharf genug durchdacht und formuliert sind, zu verstehen, müssen wir uns den verschiedenen Ansatz im Denken August Wilhelm Schlegels und Schillers klarmachen. Alle Begriffe, die August Wilhelm Schlegel konzipiert, stehen in einer historischen Perspektive. Wenn Schiller von «Weltbürgertum» spricht, so spricht August Wilhelm Schlegel von dem historisch gewordenen Europa. Wenn Herder vom «Volkslied» spricht, so übernimmt August Wilhelm Schlegel den Begriff, aber er historisiert ihn. Volklieder sind für ihn die Gesänge und die Balladen des 15. und 16. Jahrhunderts aus den unteren Schichten. Schlegel sieht und denkt geschichtlich, und dies geschichtliche Denken ist immer letztlich mit dem Ziel verbunden, zu den Ursprüngen zurückzugelangen. Dies Suchen und Drängen nach den Ursprüngen erscheint uns ja heute mit als die wichtigste Kategorie zum Verständnis der Romantik. Wenn man begreifen kann, wie Kunst wurde – so meinen die Romantiker – erkennt man zugleich auch, was sie sein soll. Die Ursprünge enthüllen das Wesen aller Erscheinungen, gleichgültig ob Sprache, Rhythmus, Vers oder ganz andere Erscheinungsformen des menschlichen Geistes. Diese Suche nach den Ursprüngen ist eng verknüpft mit der Kritik an der eigenen Zeit, die als verwässert, entwesentlicht erscheint. Es gibt kaum eine schärfere Zeitkritik als die der Romantiker. Als die Repräsentanten romantischer Dichtung gelten Dante, Shakespeare, Ariost, Cervantes, also Dichter längst vergangener Epochen. Die eigene Epoche wird durchaus als unromantisch empfunden, nur Jean Pauls groteske Romane enthalten noch Anklänge des Romantischen. Wenn Schlegel sich nun bemüht, zu den Ursprüngen der Sprache und Poesie zurückzugelangen, so eröffnet sich ihm eine neue Anschauungsweise. Das Aperçu von der «Poesie als Muttersprache des Menschengeschlechts», das Herder von Hamann übernommen hatte, wird bei Schlegel nun zu einem philosophischen

Begriff, der seinen Platz in einem ganzen Denksystem hat. Seine Auffassung von der ursprünglichen Bedeutung der Sprache wirkt noch nach bis in unsere moderne Literaturwissenschaft, und man könnte ihn als Vater des New Criticism und artverwandter Bestrebungen ansehen. So heißt es bei ihm: «Die Sprache (ist) die wunderbarste Schöpfung des menschlichen Dichtungsvermögens, gleichsam das große, nie vollendete Gedicht, worin die menschliche Natur sich selbst darstellt.» Daß die Dichtkunst nicht als etwas Fremdes über die Sprache kommt, sondern daß sie sich auflegt, ja daß sie sich aus der Sprache selbst entfaltet, die selber die größte Offenbarung des menschlichen Dichtungsvermögens ist, – das ist doch wohl eine Anschauungsform, von der wir noch heute vielfach ausgehen.

Mit dieser Sprachauffassung Schlegels ist immer die Kritik an der eigenen Sprache seiner Zeit verbunden. In diesem Zusammenhang taucht auch immer das Wort «Gemüt» auf. Die Sprache stammt aus dem Gemüt, aus dem auch die Dichtung stammt. «In den gebildeten Sprachen, hauptsächlich in der Gestalt, wie sie zum Vortrage der deutlichen Einsicht, der Wissenschaft gebraucht werden, wittern wir kaum noch einige verlorne Spuren ihres Ursprunges, von welchem sie so unermeßlich weit entfernt sind; wir können sie fast nicht anders als wie eine Sammlung durch Übereinkunft festgesetzter Zeichen betrachten.» In diesem Satz schwingt die alte platonische Fragestellung mit, ob die Sprachen *physei* oder *thesei*, von Natur oder von Satzung, *ex conventione* oder *ex natura* sind. Die gegenwärtigen Sprachen, sagt Schlegel, sind ganz gewiß *ex conventione*, aber er deutet doch im gleichen Augenblick an, daß Sprache ursprünglich *ex natura* ist, einen natürlichen Zusammenhang mit dem durch sie Bezeichneten hat. Diese Ursprünglichkeit der Sprache nun bewahrt sich für Schlegel in der Dichtung. Dichtung ist also die gesteigerte, potenzierte Dichtungskraft des Menschen überhaupt; noch einmal potenziert entsteht die romantische Poesie als Steigerung des Dichterischen.

Gleichzeitig entdeckt Schlegel nun an diesen Ursprüngen der Sprache auch den Ursprung des Verses. Den Vers an sich gibt es für Schlegel historisch wie systematisch gesehen nicht. Später hinzukommendes Versifizieren ist für ihn immer eine falsche Art des Produzierens. Aber der Rhythmus liegt für ihn schon in den Ursprüngen des Menschen beschlossen. Schlegel stellt nun eine These auf, die in der damaligen Zeit Aufsehen erregt hat, die These nämlich, daß der

Rhythmus aus der leiblichen Natur des Menschen, aus seiner Physiologie stamme. Man muß sich das ganz schlicht vorstellen: Der Mensch geht: links rechts, links rechts; er spürt den Herzschlag in sich pochen. Aus diesen einfachen physiologischen Grundtatsachen ergibt sich für Schlegel der Rhythmus. An einer anderen Stelle faßt er seine These noch einmal folgendermaßen zusammen: «Meine Idee, wenn ich sie anders deutlich genug ausgedrückt habe, war nur, die Fähigkeit des Taktmessens ganz körperlich, das Bedürfnis des Zeitmaßes (des Rhythmus also) aus der Natur der Leidenschaften zu erklären. Im vierten Brief habe ich die Absicht, einiges darüber zu sagen, wie das Wohltätige der Poesie und Musik ursprünglich darin lag, daß das Gemüt durch das gefundene Maß im Ausdrucke der Leidenschaft sich gleichsam über diese selbst zum Meister gemacht hat, und zu untersuchen, inwiefern dies noch jetzt bei der Wirkung der Poesie auf uns stattfindet.» Das besagt also: da die Leidenschaften sowie der Rhythmus im Gemüt beheimatet sind, der Rhythmus aber zugleich die Fähigkeit hat, die Leidenschaften auszudrücken, ergibt sich, daß der Rhythmus gleichzeitig das Mittel zur Beherrschung der Leidenschaften ist. Durch den Rhythmus wird das Gemüt zum Meister seiner selbst.

Sie können sich vorstellen, wie diese neue These auf Schiller wirken mußte, auf den Schiller, der damals ja gerade die *Briefe über die ästhetische Erziehung* schreibt. Schlegel siedelt den Ursprung des Rhythmus im Gemüt an, wo die Leidenschaften wurzeln. Das bedeutet also, daß der Rhythmus, dies wesentlichste Element der Poesie, in der Schillerschen Antithese von Stofftrieb und Formtrieb dem Stofftrieb zugeordnet wird. Für Schiller aber gehört es zum Wesen der Kunst, daß sie gerade vom Stofftrieb befreit und auf die Seite des Formtriebes gehört. So schreibt denn auch Schiller an Schlegel am 10. Dezember 1795: «Nichtsdestoweniger gestehe ich, daß ich Ihre Erklärungsart (für den Ursprung des Rhythmus) doch ein wenig zu physiologisch finde; denn so gewiß ich glaube, daß man alles, was der Mensch in jener Geistesepoche (der Ursprünge) tut, zugleich aus physischen Gründen deduzieren muß (eine kleine Verbeugung vor Schlegel), so glaube ich doch, daß immer zugleich auf die Wirkung seiner Selbsttätigkeit muß Rücksicht genommen werden. Mir deucht, sobald seine (des Menschen) Persönlichkeit sich zu deklarieren angefangen und die Reflexion eingetreten ist, so entstehen gleich notwendige Forderungen aus seiner selbständigen und moralischen Natur, und eine von diesen scheint mir auch das Zeitmaß (der Rhythmus) in seinen Bewegungen zu sein.» (Nun kommt ein glänzender Gedanke:) Der Rhythmus «ist das Beharrliche im Wechsel, und eben das ist der Charakter seiner (des Menschen) Selbstheit, die sich in dieser Erscheinung ausdrückt. Meine Idee wäre also diese, daß man in Erklärung so früher und so allgemein gleichförmig eintretender Phänomene auf den *ganzen* Menschen, also den moralischen wie den physischen, Rücksicht nehmen sollte.» Wenn wir das verdeutlichen, so heißt es: Euer ganzes Sehnen zu den Ursprüngen ist ein Nebel. Der Mensch, sobald er in Erscheinung tritt, tritt als dieses gespaltene Wesen in Erscheinung, Stofftrieb und Formtrieb. Das Wesen des Rhythmus – Schlegel könnte zustimmen – ist das Beharrliche im Wechsel. Das ist aber für Schiller gerade das Wesen des Formtriebes. Während der Stofftrieb uns an den Wechsel der Erscheinung bindet, ist der Formtrieb auf das Beharrliche, auf die Form aus. Schiller führt also in diesem Brief den Nachweis, daß Rhythmus tatsächlich zum Formtrieb und nicht zum Stofftrieb gehört. Daß diese Widerlegung Schlegel eigentlich nicht trifft, weil Schlegel nicht von dieser dualistischen Konzeption des Menschen ausgeht, sei nur am Rande vermerkt. Ebenso sei nur nebenbei darauf hingewiesen, daß Schlegel sich beugt. Er schreibt nun einen vierten Brief, in dem er die Schillerschen Gedankengänge im Wesentlichen übernimmt.

Trotz Schlegels Nachgiebigkeit und seiner denkerischen Schwäche und Inkonsequenz bleibt aber unverrückbar bestehen, daß bei ihm einfach eine neue Auffassung vom Rhythmus da ist: Rhythmus nicht mehr als eine Leistung des denkenden Versifikators, Ergebnis eines nachträglichen Schaffensaktes, sondern Rhythmus als ein Ursprungsphänomen des menschlichen Geistes. Der ganze Disput zwischen Schiller und Schlegel ist darum lohnend, weil die Schlegelsche Position so symptomatisch für das neue Empfinden der Romantiker ist. Nicht, daß Schlegel seine Zeitgenossen durch seine theoretischen Betrachtungen unmittelbar in ihrem Schaffen beeinflußt hätte, sondern die neue Auffassung liegt gewissermaßen für die romantische Generation in der Luft, sie ist ihr vorgegeben.

Die Schlegelsche These geht nun aber über die reine Erkenntnis hinaus. Wenn Rhythmus für Schlegel das Ursprüngliche ist, so wird er damit fast das wesentliche Element für das dichterische Gebilde. Von den vielen Formmitteln: Sprache, Bildlichkeit, stilistische Merkmale rückt der Rhythmus nun an entscheidende Stelle, wird er zum ursprünglichen, eigentlichen Träger des Stils. Diese Auffassung wirkt sich nun gleich bei den Übersetzungen aus. Die Romantiker sind ja überhaupt die großen Übersetzer. Das Problem, ob es überhaupt möglich ist, zu übersetzen, und wie übersetzt werden soll, beschäftigt damals alle. Schleiermacher, der große Plato-Übersetzer, schrieb damals *Über die verschiedenen Arten des Übersetzens*; Goethe unterschied in seiner Gedenkrede auf Wieland zwei Arten des Übersetzens: Entweder man trägt das Publikum hin zu dem Werk, oder man trägt das Werk hin zu dem heutigen Publikum. Den radikalsten Standpunkt vertrat dann Jean Paul mit der These: «Ein Kunstwerk, das übersetzt werden kann, ist nicht wert, übersetzt zu werden.»

August Wilhelm Schlegel ist nicht derselben Meinung. Er glaubt an die dichterische Kraft der anderen Sprache, das Werk gleichsam neu zu schaffen. Seine Gedanken über die Aufgaben der Übersetzung finden sich in seinem Dante-Aufsatz und in einem Aufsatz *Etwas über William Shakespeare bei Gelegenheit Wilhelm Meisters*. Danach ist die Aufgabe des Übersetzers vor allem, sich in den Geist des Verses zu versetzen. Es kommt nicht nur darauf an, Shakespeare in den Blankvers zu übertragen, sondern sich in den Geist dieses Shakespeareschen Blankverses zu versetzen, den Gang und das Maß der Perioden, die Pausen zu treffen. Schlegel gibt dann in seinen Übersetzungen selber den Beweis, daß eine solche Übertragung möglich ist. Er übersetzt mit einem ganz untrüglichen Gefühl für die Kola des Shakespeareschen Verses und kann daneben selbst klangliche Einzelheiten wie Alliteration oder Reim noch genau stellengerecht bewahren. Er hat im Alter, 1837, sagen dürfen: «In einem Aufsatz ... suchte ich darzutun, was heutzutage niemand mehr bezweifelt, was aber dazumal selbst von Goethe nicht erkannt worden war, daß die möglichst genaue Nachbildung der Versifikation Shakespeares eine unerläßliche Forderung sei.» Wer sich von Ihnen versucht in der dichterischen Übersetzung ausländischer Lyrik oder ausländischer Versdichtung, der würde im Sinne August Wilhelm Schlegels übertragen, wenn er in der Bildung der Kola, in der Beachtung der Klanglichkeit ganz getreu ist. August Wilhelm Schlegel würde ihm eher Freiheiten im Gebrauch der Bilder, im Gebrauch der Wörter einräumen. So wirkt sich die neue Auffassung vom Rhythmus unmittelbar auf das Schaffen der Romantiker aus.

Neben einem neuen Verhältnis zum Rhythmus entwickeln die Romantiker nun aber auch ein neues Empfinden, ein Gespür für den dichterischen Klang und damit speziell für den Reim. Auch hier versuchen sie, auf den Ursprung zurückzugehen und damit dem Geheimnis des Klanges näherzukommen. Sie entwerfen ganze Mythen, um den Ursprung des Reimes zu erklären. Einen solchen Mythos hat etwa Brentano gedichtet: «Frau Lureley ist die Tochter der *Phantasie*, welche eine berühmte Eigenschaft ist, die bei der Erschaffung der Welt mitarbeitete und das Allerbeste dabei tat; als sie unter der Arbeit ein schönes Lied sang, hörte sie es immer wiederholen und fand endlich den Widerhall, einen schönen Jüngling, in einem Felsen sitzen, mit dem sie sich verheiratete und mit ihm die Frau Lureley zeugte; sie hatten auch noch viele andere Kinder, z. B. die Echo, den Akkord, den Reim, deren Nachkommen sich noch auf der Welt herumtreiben.» Die schönsten Mythen von der Entstehung des Reimes dichtet den Romantikern ja dann Goethe. Es sei erinnert an die Verse im *West-östlichen Diwan*.

> Behramgur, sagt man, hat den Reim erfunden,
> Er sprach entzückt aus reiner Seele Drang;
> Dilaram schnell, die Freundin seiner Stunden,
> Erwiderte mit gleichem Wort und Klang.
>
> Und so, Geliebte, warst du mir beschieden,
> Des Reims zu finden holden Lustgebrauch,
> Daß auch Behramgur ich, den Sassaniden,
> Nicht mehr beneiden darf: mir ward es auch.
>
> Hast mir dies Buch geweckt, du hast's gegeben;
> Denn was ich froh, aus vollem Herzen, sprach,
> Das klang zurück aus deinem holden Leben,
> Wie Blick dem Blick, so Reim dem Reine nach.

Das Geheimnis des Reims, der Wiederkehr, daß «zwei Klänge sich dem Ohr bequemen», wie es Helena dann im *Faust* ausdrückt, wird gesteigert bis zu der Vorstellung, daß sich die kosmische Liebeskraft im Reim der Sprache offenbart. Hier liegt für die Romantiker das eigentliche Mysterium des Reims.

Aber nicht nur der Reim ist den Romantikern ein Mysterium, sondern ebenso der Klang überhaupt. Diese Gedankengänge der Romantiker werden in Europa erst durch den europäischen Symbolismus bekannt und aufgenommen. Bei den Romantikern liegen schon Versuche vor, den Klang auf seelichen Ausdrucksgehalt oder auf Farben zu beziehen, wie es später dann Rimbaud in seinem berühmten Sonett *Voyelles* in Verse faßt:

A noir, E blanc, I rouge, U vert, O bleu, voyelles,

A sei dem Schwarzen zugeordnet, E dem Weißen, I dem Roten, O dem Blauen usf. Das Gleiche wird von René Ghil in seiner *Instrumentation verbale* unternommen, der jedem Laut der Sprache, den Vokalen wie den Konsonanten, einen Empfindungswert und zugleich ein bestimmtes Instrument zuordnet. Dies alles ist in der deutschen Romantik bereits durchdacht worden. Sie finden bei August Wilhelm Schlegel in den *Betrachtungen über Metrik* seine berühmte Vokalfarbenleiter: a ist «roth oder lichthell», und sein Ausdrucksgehalt ist «Jugend, Freude, Glanz»; «o ist purpurn, es hat viel Adel und Würde»; ü ist «violett», äußert sich zur «sanften Klage», u ist «dunkelblau. Trauer, melancholische Ruhe», e ist «grau ...,» «ä könnte man gelb nennen ...», «ö spielt ins bräunliche». Die Frage, wie weit das alles wörtlich zu nehmen ist, können wir getrost auf sich beruhen lassen. Wir wissen ja heute, daß wir absolute Stimmungsgehalte den einzelnen Lauten wohl nicht zusprechen dürfen. Wohl mögen uns i und u doch eine deutliche Richtung geben. Es gibt wohl feinfühlige Menschen, denen das Wort «tief» im Deutschen unbehaglich ist und denen das Lateinische und die romanischen Sprachen, die von *profundus* ableiten, lautlich viel entsprechender zu sein scheinen. Ich füge nur hinzu, daß auch Brentano in seiner halb ernst, halb scherzhaften Weise natürlich mit solchen Überlegungen gespielt hat. In den *Romanzen vom Rosenkranz* lernt Adam die Sprache. Eine herrliche Idee für Brentano. Und zwar lernt Adam sie aus einem Buch:

> Des Vokals belebend Wunder,
> Eh'geheimnis der Diphthonge,
> Und der Konsonanten Hunger
> Lernt' er draus zu Worten kochen.
>
> In dem A den Schall zu suchen,
> In dem E der Rede Wonne,
> In dem I der Stimme Wurzel,
> In dem O des Tones Odem.

In dem U des Muthes Fluchen,
Hat er aus dem Buch geholet,
Als im H des Hauches Wunder
Gottes Geist in ihn gegossen.

Ein Beispiel für den Ursprungsmythos, hier also des Klanges, der Sprache. Aus diesen Zusammenhängen ist es wohl zu begreifen, wie Novalis in sein Tagebuch eintragen kann: «Gedichte, bloß wohlklingend und voll schöner Worte, aber auch ohne allen Sinn und Zusammenhang.» Zusammenhang meint natürlich ohne logischen Zusammenhang. Hier ist also die Konzeption eines ganz neuen Dichtens ausgesprochen, eine Konzeption, die es wohl bis dahin in der uns bekannten Geschichte der Weltliteratur kaum gegeben hat; das Gedicht nur noch ein wohlklingender Hauch, getragen von den beiden ursprünglichen Kräften des Klanges und des Rhythmus. Schon Tieck hatte ja in *Franz Sternbalds Wanderungen* versucht, Gedichte ohne allen Sinn, nur als wohlklingenden Hauch einzufügen.

So taucht bei den Romantikern ein neuer Typus eines ganz lockeren Gedichtes auf, der von Novalis wie von Brentano versucht wird. Ein solches Gedicht, das nichts anderes sein will als wohlklingender Hauch, ist etwa Brentanos *Frühes Liedchen*:

Lieb' und Leid im leichten Leben
Sich erheben, abwärts schweben;
Alles will das Herz umfangen,
Nur verlangen, nie erlangen.

In dem Spiegel all ihr Bilder
Blicket milder, blicket wilder,
Kann doch Jugend nichts versäumen,
Fort zu träumen, fort zu schäumen.

Frühling soll mit süßen Blicken
Mich entzücken und berücken,
Sommer mich mit Frucht und Myrten
Reich bewirten, froh umgürten.

Herbst, du sollst mich Haushalt lehren,
Zu entbehren, zu begehren,
Und du Winter lehr mich sterben,
Mich verderben, Frühling erben.

Wasser fallen, um zu springen;
Um zu klingen, um zu singen,
Schweig ich stille, wie und wo?
Trüb und froh, nur so, so.

Anhand solcher Beispiele kann es uns nicht überraschen, daß nun Brentano, der musikalischste Dichter der deutschen Sprache, wie Staiger ihn nennt, ein Reimschema wählt, bei dem sich 5 – 6 – 8 – 10-mal der gleiche Reim wiederholt. Ein Beispiel für sechsmaligen Reim in einer Strophe:

Die Abendwinde wehen,
Ich muß zur Linde gehen,
Muß einsam weinend stehen,
Es kommt kein Sternenschein;
Die kleinen Vöglein sehen
Betrübt zu mir und flehen,
Und wenn sie schlafen gehen,
Dann wein' ich ganz allein!
...
Mein Herz muß nun vollenden,
Da sich die Zeit will wenden,
Es fällt mir aus den Händen
Der letzte Lebenstraum.
Entsetzliches Verschwenden:
In allen Elementen,
Mußt ich den Geist verpfänden,
Und alles war nur Schaum!

Sie spüren, wie zwanglos diese Reime gesetzt sind, wie man niemals das Gefühl hat, als hätte Brentano nach einem Reim suchen müssen.

Das eigentliche Wunderwerk an Reimkunst sind nun die *Romanzen vom Rosenkranz*. Sie sind eng verbunden mit dem literarischen Phänomen, dem die Romantiker eine neue Art des Klanges abgelauscht haben: mit der spanischen Dichtung. Goethe nennt einmal die Zeit von 1790 bis 1810 die spanische Epoche der deutschen Literatur. Und diese Bezeichnung besteht zu Recht gerade im Hinblick auf die deutsche Verskunst, die sich nun von Spanien, vom spanischen Romanzenvers, anregen läßt. Herder hat die Romanzen entdeckt, sie aber nicht versgetreu übersetzt. Die Romantiker tun es. Das Kennzeichen des spanischen Romanzenverses ist die Assonanz, der gleiche Vokal im Zeilenausgang, der sich in allen geraden Zeilen eines Gedichtes wiederholt und so eine klangliche Bindung durch das ganze Gedicht hindurch stiftet. Diese neue Art des Dichtens hat die Romantiker nun geradezu fasziniert. Sie alle haben Romanzen mit den durchgehenden Klängen geschrieben. Bei Brentano assonieren nun nicht nur zweite, vierte, sechste und achte Zeile; sondern in den *Romanzen vom Rosenkranz* haben auch die erste, dritte, fünfte, siebente und neunte Zeile ihre Assonanz. Die einzelnen Gedichte sind dabei hunderte von Versen lang. Sie hörten schon ein Beispiel der halb scherzhaften Mythologie «Des Vokals belebend Wunder / Eh'geheimnis der Diphthonge,/ Und der Konsonanten Hunger / Lernt' er draus zu Worten kochen.» Durch die ganze Romanze hin werden Zeile 1, 3, 5, auf die Assonanz u – e ausgehen, Zeile 2 und 4 und 6 auf die Assonanz o – e. Brentano steigert das noch, indem er innerhalb der Strophen in vielen Romanzen den Reim einführt, die Assonanz zur Reimbindung bringt. So entstehen jene musikalischsten deutschen Strophen:

> Gieße, Mond, dein Silber milder
> Durch die blauen Himmelsmeere;
> Blicket fromm, ihr Heldenbilder,
> Nieder aus dem Sternenheere!

> Einsam-kühle Nachtluft, stille
> Grüße aus dem Himmel sende;
> Blüthen, Blumen, eure Fülle
> Duftend sich der Nacht verschwende!

In einer anderen Romanze heißt es:

> Allem Tagewerk sei Frieden!
> Keine Axt erschall' im Wald!
> Alle Farbe ist geschieden,
> Und es raget die Gestalt.
> ...

> Wo die wilden Quellen zielen
> Nieder von dem Felsenrand,
> Ziehn die Hirsche frei und spielen
> Freudig in dem blanken Sand.

Aber die Assonanz betrifft nun nicht nur das Zeilenende, sondern waltet auch noch im Innern der Zeile. In der ersten Strophe, die ich vorlas, «Gieße, Mond, dein Silber milder», herrscht die i-e Assonanz in der ersten und dritten Zeile. In den vier Zeilen kommt die i-e Assonanz nicht weniger als 7 mal vor; in der 1. Strophe des 2. Gedichtes, die a Assonanzen nicht weniger als 9 mal. Von den 16 Akzenten dieser Strophe haben 7 Akzente die a-e Assonanz. In diesem Werk hat jeder Laut, der auftaucht, Zusammenhang mit anderen Klängen der gleichen und der nächsten Strophe.

Das Versmaß, das nun gleichzeitig dem Spanischen abgelauscht ist, ist der vierhebige Trochäus. Den kannte man in Deutschland schon seit der Anakreontik. Jetzt wird er von neuem entdeckt. Herder hatte die spanischen Romanzen in vierhebige Trochäen übersetzt, und das nehmen nun alle Romantiker auf, und sie dichten alle ihre epischen Romanzen, ihre Romanzenzyklen. Dazu gehört auch Immermanns *Tulifäntchen*; einer der letzten Ausläufer ist dann Heines *Atta Troll*. Der vierhebige Romanzenvers wird damit der beherrschende Vers in dieser ersten Hälfte des 19. Jahrhunderts.

Als Heine auf seiner Deutschlandreise zu seinem Verleger Campe nach Hamburg kommt, findet er dort das Manuskript von Immermanns *Tulifäntchen*, einem Epos in vierhebigen Trochäen. Heine nimmt es mit nach Hause, studiert es und schreibt dann dem ihm befreundeten Immermann einen großen Brief und legt vier Bogen mit Verbesserungsvorschlägen bei; denn diese Immermannschen Verse scheinen ihm an einem Mangel zu leiden. Diesen Mangel hört ein feinfühliges Ohr sehr leicht. Da er in einem Gedicht von Fontane ebenso deutlich wird, wähle ich dieses, um Sie den Fehler hören zu lassen:

> Immer enger, leise, leise
> Ziehen sich die Lebenskreise,
> Schwindet hin, was prahlt und prunkt,
> Schwindet Hoffen, Hassen, Lieben
> Und ist nichts in Sicht geblieben
> Als der letzte dunkle Punkt.

Das wären in Heines Ohr ebenso mangelhafte Trochäen gewesen wie die in Immermanns *Tulifäntchen*. Er formuliert seine Bedenken Immermann gegenüber folgendermaßen: «Die metrischen Mängel bestehen nemlich darin, daß die Worte und die Versfüße immer zusammenklappen, welches bey vierfüßigen Trochäen immer unerträglich ist.» Heines Argumentation ist folgende: Der Vers ist ein vierhebiger Trochäus: Dámda dámda dámda dámda. Wenn ich die Takte dámda nun ausfülle mit Worten, die gleichfalls schon den trochäischen Tonfall mitbringen, dann entsteht ein unerträgliches Klappern: «ímmer énger léise léise» – «schwíndet Hóffen, Hássen, Líeben». Diese Trochäen sind so gebaut, daß alle metrischen Trochäen durch sprachliche Trochäen erfüllt sind. Ich meine, wir dürfen sagen: Heine hat Recht. Ein Dichter darf sich dergleichen nur erlauben – wie es George gelegentlich tut –, um bestimmte Wirkungen, eine besondere Fahlheit z. B., damit zu erreichen. Unbewußt gesetzt erzeugen diese Trochäen ein mattes, unpoetisches Sprechen. Die romantische Verskunst wird also durch die Spanier bereichert um ein neues Versmaß, den Romanzenvers, um ein neues Klingen des Verses durch Assonanzen und Reimbildungen.

Als neue Form taucht damals auch auf die Glosse, jene Gedichtform, die ein vierzeiliges Motto voransetzt und 4 zehnzeilige Strophen so fügt, daß je eine Zeile des Mottos Endzeile einer Strophe ist. Aus dem Italienischen übernehmen die Romantiker die Begeisterung für das Sonett. Arnim schreibt in der *Zeitung für Einsiedler* einen Zyklus von 94 Sonetten, und zwar die *Geschichte des Herrn Sonett und des Fräulein Sonette, des Herrn Oktav und des Fräulein Terzine*, eine Personifizierung der speziell romanischen Versmaße. Alle Romantiker schreiben Terzinen und Trioletts. Als einer ihrer Berliner Gegner Garlieb Merkel Terzine und Triolett verwechselt, ist das für die Romantiker ein Zeichen ungeheuerlicher Unbildung. Sie genießen den Triumph ihrer Überlegenheit, indem sie auf diesen Faux-pas des Gegners gleich folgendes Triolett verfassen:

> Mit einem kleinen Triolet
> Will ich dir, kleiner Merkel, dienen.
> Verwirrst du mächtige Terzinen
> Mit einem kleinen Triolett?
> Ei, ei, bei solchen Kennermienen!
> Einst wies ich schon dir das Sonett;
> Mit einem kleinen Triolet
> Will ich dir, kleiner Merkel, dienen.,

eins der schönsten Beispiele für ein deutsches Triolett. Aber die Romantiker ziehen auch nach Osten. Die beiden Schlegels entdecken die indische Poesie. Sie versuchen, auch von da her neue Möglichkeiten für den deutschen Vers zu gewinnen. Von diesen Versuchen ist nichts recht fruchtbar geworden außer der einen neuen Form, die aus dem Persischen übernommen wird: das Ghasel. Diese Form wirkt auf die Romantiker wie eine Steigerung, eine Bestätigung des Spanischen. Die Form des Ghasels: Es reimen sich Zeile 1 und 2, dann kehrt der gleiche Reim als vierte, sechste, achte, zehnte und zwölfte Zeile durch das Gedicht hin wieder. Es ist eine ganz ähnliche klangliche Bindung wie die durchgehende Assonanz im spanischen Romanzenvers. Goethe hat, wie wir schon hörten, dem Ghasel gegenüber Zurückhaltung geübt, obgleich die Form ja in Anlehnung an Hafis nahegelegen hätte. Echte Ghaselen schreiben dann Rückert, Platen und andere.

Bereicherte sich so die Romantik aus dem europäischen und auch außereuropäischen Raum, so können wir den Einfluß der Antike in unserm Zusammenhang übergehen. Theoretisch sind die antiken Versmaße beispielsweise zwischen Schiller und August Wilhelm Schlegel vielfach diskutiert worden. Die Dichter selber haben sich von den antiken Versmaßen überwiegend ferngehalten.

Dagegen ging nun ein unabschätzbarer Anstoß von innerdeutschen Kräften aus, von der volkstümlichen Verskunst. Vorweg sei allerdings bemerkt, daß die Romantiker von der Belebung des altdeutschen Verses, wie sie Goethe mit dem Knittelvers versucht hatte, keinen Gebrauch machen. Der Knittelvers spielt in der romantischen Dichtung und – schauen wir gleich voraus – spielt auch im 19. Jahrhundert keine große Rolle. Eine Wiederbelebung des Knittels versucht erst 1913 Gerhart Hauptmann in einem bei ihm bestellten *Festspiel in deutschen Reimen*, das er in Knittelversen schreibt; aber auch dieses Hauptmannsche Drama hat den Knittelvers in der Dichtung nicht beleben können.

Das eigentlich befruchtende Ereignis für die romantische Dichtung wird das Erscheinen von *Des Knaben Wunderhorn*, durch das besonders die lyrischen volkstümlichen Versmaße nun den Dichtern und Lesern vertraut werden. Man muß wissen, daß das *Wunderhorn* ja keineswegs einhellig aufgenommen worden ist: Die Älteren, die Gelehrten haben sich gegen diese «Bänkelsängerpoesie» gewendet, die keineswegs aus gelehrtem Interesse heraus gesammelt worden war; denn Arnim und Brentano sammeln nicht als Literarhistoriker und nicht als Germanisten – im Gegenteil, sie behandeln in den Vorreden die Gelehrten sehr kritisch –, sondern sie sammeln in der Hoffnung, daß durch diese Anregung eine neue Blüte der Dichtkunst entstehe. «Es wird uns, die wir vielleicht eine Volkspoesie erhalten, in dem Durchdringen unserer Tage, es wird uns anstimmend seyn, ihre noch übrigen lebenden Töne aufzusuchen, sie kömmt immer nur auf dieser einen ewigen Himmelsleiter herunter, die Zeiten sind darin feste Sprossen, auf denen Regenbogen-Engel niedersteigen, sie grüßen versöhnend alle Gegensätzler unserer Tage und heilen den großen Riß der Welt, aus dem die Hölle uns angähnt.» Mit dem «großen Riß der Welt» war zunächst der Riß zwischen Gebildeten und Ungebildeten, zwischen Gelehrten und Volk gemeint, der durch diese Sammlung geheilt werden soll, die vielleicht eine neue Volkspoesie heraufführen sollte. Arnim selber weist im übrigen in der Vorrede besonders auf die Erscheinung der Assonanz im Volkslied hin, die ihm eine Bestätigung jener Versuche der Romantiker war, die spanische Assonanz in Deutschland einzubürgern.

Beim Durchblättern von *Des Knaben Wunderhorn* fällt zunächst auf, daß in der Sammlung keineswegs die vierzeilige Strophe in der Einseitigkeit herrscht, wie wir sie später von Lenau, Eichendorff und Heine her kennen. Es findet sich eine Fülle der verschiedensten Strophenformen darin: zweizeilige Strophen (*Ännchen von Tharau* steht im *Wunderhorn*), fünfzeilige, siebenzeilige Strophen – gewöhnlich dann mit einer «Waise», einer reimlosen Zeile –, achtzeilige Strophen und so fort. So bietet auch der Dichter, der sich am intensivsten vom Volkslied hat anregen lassen, Clemens Brentano, eine Fülle der verschiedensten Strophenformen. Übrigens liegt Brentanos Aufnahme des Volksliedtones schon vor dem Erscheinen des *Wunderhorns*. Schon in seinen frühesten Werken finden wir diese Vertrautheit mit dem Volkslied; im *Godwi* von 1801 sind bereits volkstümliche Balladen wie etwa die *Loreley* enthalten. Volkstümliche Gedichte finden sich ebenso in dem 1801 zu einem Preisausschreiben eingereichten *Ponce de Leon*. Brentano läßt sich zunächst durch das Volkslied in den Freiheiten bestätigen, die er für seinen fließenden Rhythmus braucht, für eine Kunst, die im Gegensatz zum stampfenden Wiederholen des alternierenden Rhythmus die Beweglichkeit und damit eben auch die Individualität der einzelnen Stelle anstrebt.

Es wäre lohnend, Brentanos Verskunst einmal wirklich zu untersuchen. Hier können nur einige Anregungen für ein solches Unternehmen gegeben werden: Bei Brentano finden sich ja häufig Nachklänge von Gedichten, die er eben gelesen hat, deren Rhythmus ihm ins Ohr gegangen ist, so daß ein rhythmisch ähnliches Gedicht, oft sogar mit wörtlichen Anklängen entsteht. So heißt eins seiner Gedichte *Variationen über ein bekanntes Thema,* das Goethes *Lied des Harfners* aufnimmt und abwandelt:

> Wer nie sein Brot mit Tränen aß,
> Wer nie die kummervollen Nächte
> Auf seinem Bette weinend saß,
> Der kennt euch nicht, ihr himmlischen Mächte.

Diese vier Zeilen erscheinen bei Brentano nun mit einer kleinen Abweichung:

> Wer nie sein Brot in Tränen aß,
> Wer nie die kummervollen Nächte
> Weinend auf seinem Bette saß,
> Der kennt euch nicht, ihr himmlischen Mächte!

Hier wird die Regelmäßigkeit der dritten Zeile bei Goethe «Auf seinem Bette weinend saß» umgestellt in «Weinend auf seinem Bette saß». Wenn man erst einmal darauf aufmerksam geworden ist, spürt man immer wieder, wie sich Brentano solche Unregelmäßigkeiten erlaubt, die selbst über die Freiheiten des Volksliedes weit hinausgehen.

Ein anderes Lied:

> Dies Lied hab ich ersonnen
> Wohl vor dem Zauberhaus,
> Das glänzt in der Abendsonnen;
> Du blickst nicht mehr heraus –

> Als Jugend um Liebe mußt brennen
> In irrem Liebeswahn
> Da konnte sie ihn nicht erkennen
> Und blickte so hell ihn doch an.

«Da konnte sie ihn nicht erkennen», musikalisch umgeschrieben wäre das eine Quartole. Hier haben wir sogar eine dreisilbige Senkung, eine Freiheit, die Sie im Volkslied selten finden. Eine ähnliche Quartole hat Emil Staiger in seinem Buch *Die Zeit als Einbildungskraft des*

Dichters bei der Analyse eines Brentano'schen Gedichtes beobachtet. Brentano erlaubt sich auch den Umsprung vom jambischen in trochäisches Maß in der gleichen Strophe:

> Säus'le, liebe Myrthe!
> Wie still ist's in der Welt,
> Der Mond, der Sternenhirte
> auf klarem Himmelsfeld,
>
> Treibt schon die Wolkenschafe
> Zum Born des Lichtes hin,
> Schlaf, mein Freund, o schlafe,
> Bis ich wieder bei dir bin!

Sie werden zustimmen, daß Staiger völlig Recht hat, wenn er sagt, man darf nicht lesen: «Bís ich wíeder béi dir bín», dann wäre es eine korrekte Volksliedzeile, sondern wir müssen hier wieder in einer Quartole lesen: «Bís ich wieder béi dir bín». Solche Quartolen und Sekundolen finden wir nun bei Brentano immer wieder. Staiger weist ebenfalls mit Recht darauf hin, daß dergleichen nicht in der klassischen Musik, bei Mozart, Haydn oder Beethoven, dafür aber immer wieder bei den Romantikern, bei Schumann und bei Brahms zu finden ist. Brentano läßt sich also von den Freiheiten und Unregelmäßigkeiten des Volksliedes anregen, erweitert sie aber noch entsprechend seinem Gefühl für den fließenden Rhythmus.

Ähnlich behandelt er eine andere Erscheinung des Volksliedes, nämlich den Refrain. Brentano ist wohl der größte Meister des Refrains in der deutschen Literatur. Wieder ist auf *Ponce de Leon* zu verweisen, worin Brentano schon 1800 und 1801 vom Kehrreim einen Gebrauch macht, der weit über seine Verwendung im Volkslied hinausgeht. Der Kehrreim ist aber auch ein Kennzeichen von Brentanos Lyrik da, wo er sich nicht bewußt an das Volkslied anlehnt:

> Was mag dich nur betrüben,
> Daß du so traurig denkst?
> Du mußt wohl Buße üben,
> Weil du die Blicke senkst.
>
> «Wie durch die stillen Wiesen
> Die Bächlein murmelnd gehn,

Die Blumen, die dran sprießen,
Wie die hinunter sehn,

So seh ich zu, so horch ich zu,
Bin freundlich mit ihnen auf du und du,
Und wollt, daß es mein Liebchen wär,
Ei, das begreifst du wohl nimmermehr!»

Sie spüren wohl, wie in «So seh ich zu, so horch ich zu» plötzlich der
Rhythmus umspringt. Das ist angetrieben und bestätigt vom Kehrreim. Die Zeilen: «Und wollt, daß es mein Liebchen wär, / Ei, das
begreifst du wohl nimmermehr ...» schlingen sich als Kehrreim durch
das ganze Gedicht hindurch. Mit dem Kehrreim begegnet uns nun bei
Brentano die schon einmal besprochene Zweischichtigkeit des Gedichtes, deren Meister wiederum Brentano ist. In *Die lustigen Musikanten* z. B. sprechen die einzelnen Musikanten in ihrer Verzweiflung;
durch diese Einzelstrophen geht dann der Kehrreim: «Es brauset und
sauset das Tambourin». Oder durch das Gedicht *Die Abendwinde
wehen* flicht sich der Kehrreim:

Ich hör' ein Sichlein rauschen,
Wohl rauschen durch den Klee,
Ich hör' ein Mägdlein klagen
Von Weh, von bitterm Weh!

Auch hier haben wir wieder einen Anklang an das Volkslied, das aber
wieder nach Brentanoschem Rhythmus geändert wird.

An einem anderen Gedicht läßt sich auch die Abwandlungstendenz
Brentanos erkennen. Es ist Hölderlins Gedicht *Brot und Wein*, das
damals nur mit der ersten Strophe unter dem Titel *Nacht* bekannt war,
und das Brentano fasziniert hat. Es endet mit:

... die Nacht kommt,
Voll mit Sternen und wohl wenig bekümmert um uns,
Glänzt die Erstaunende dort, die Fremdlingin unter den Men-
schen
Über Gebirgeshöhn traurig und prächtig herauf.

Hexameter und Pentameter verbinden sich hier zur Strophe des Distichons. Diese Zeilen hat Brentano öfter in Briefen zitiert, und er flicht
sie auch mit leichten Änderungen als Prosa ein in sein Märchen

Gockel, Hinkel und Gackeleia. Zunächst setzt Brentano alles ins Präteritum: «Die Nacht kam, trunken von Sternen und wohl wenig bekümmert um uns glänzte die Erstaunende dort, die Fremdlingin unter den Menschen, über Gebirgshöhn traurig und prächtig herauf!»; «glänzte die Erstaunende»: durch das Präteritum entsteht hier plötzlich eine dreisilbige Senkung, die ja im Hexameter oder Pentameter völlig unmöglich ist, die den Bau, den strengen Bau des Hexameters geradezu sprengt. Brentano schreibt das, weil sein fließender Rhythmus zu dieser Unregelmäßigkeit drängt. Ich bin nicht ganz sicher, ob die vorhergehende Zeile von ihm nicht ganz anders gelesen worden ist: «Trúnken von Stérnen und wohl wénig bekümmert um úns», ich habe die Vermutung, daß Brentano so gelesen hat und damit das strenge Maß des Hexameters aufgelöst hat, wie er es in der Schlußzeile dann noch einmal tut: «Über Gebirgeshöhn traurig und prächtig herauf», so hat Hölderlin ganz korrekt gedichtet. Brentano schreibt: «Über Gebirgshöhn traurig und prächtig herauf». Aus dem sechshebigen Vers ist plötzlich ein fünfhebiger geworden, die Zäsur ist weggefallen, der Pentameter ist zerstört, damit ist das Distichon zerstört. Und ich glaube, überall wird es sich bestätigen: Wo Brentano einmal den Ansatz zu Distichen unternimmt, da zerstört er plötzlich den Pentameter, und damit zerstört er die Strophe.

Damit kommen wir zu dem letzten und schwerwiegendsten Ergebnis: Das *Wunderhorn* wirkt auf die Romantiker und besonders auf Brentano als ein Anstoß zum Dichten vom fließenden Rhythmus her, das nun wiederum eine Auflösung der Strophe zur Folge hat. Blicken wir noch einmal zurück auf die deutsche Versgeschichte: Vom mittelalterlichen Minnesang her ist uns der stollesche Bau bekannt, eine Strophe gliedert sich in Aufgesang und Abgesang, der Aufgesang in zwei gleichartige Stollen: ein ganz fester Bau der Strophe. Die Strophe funktioniert im Minnesang so stark als Einheit, daß Strophen in Walthers Liedern etwa von den Schreibern umgestellt wurden, ja daß sich Strophen von Walther bei anderen Dichtern finden. Der Meistersang bewahrt noch den stolleschen Bau. Auch das Kirchenlied des 17. Jahrhunderts ist streng strophisch gebaut; und Goethe hatte in seinen klassischen Balladen – wie wir sahen – gerade den Versuch gemacht, von einer streng gefügten Strophe aus zu dichten. Das große Ereignis der deutschen Versgeschichte in der Romantik ist dann, daß die Festigkeit der Strophe sich auflöst. Selten sind romantische Strophen stollisch gebaut. Das ganze Gedicht wird fließend, und dieses Fließen geht über die Strophengrenzen hinaus. Die Tendenz dazu liegt wohl in aller liedhaften Lyrik. Diese Tendenz wird aber nun von Brentano und den Romantikern überhaupt bis zur äußersten Grenze des Möglichen übersteigert. Die Strophe hört auf, festes Gebilde zu sein; sie wird eingeschmolzen in den Strom des flüssigen Rhythmus. Ein Beispiel aus Brentanos Gedichten:

> Hörst du, wie die Brunnen rauschen?
> Hörst du, wie die Grille zirpt?
> Stille, stille, laß uns lauschen!
> Selig, wer in Träumen stirbt;
>
> Selig, wen die Wolken wiegen,
> Wem der Mond ein Schlaflied singt!
> Oh! wie selig kann der fliegen,
> Dem der Traum den Flügel schwingt,
>
> Daß an blauer Himmelsdecke
> Sterne er wie Blumen pflückt:
> Schlafe, träume, flieg, ich wecke
> Bald dich auf und bin beglückt!

In allen Brentano-Ausgaben erscheint dieses Gedicht ohne Stropheneinteilung gedruckt. Im Jahre 1942 erschien eine neue Ausgabe von Sophie Brentano und Rudolf Alexander Schröder mit dem Vermerk: «Nach den handschriftlichen Befunden des Brentanoschen Familienarchivs.» Es stellte sich heraus, daß Brentano in seinen Handschriften dieses Gedicht in drei Strophen geschrieben hat. Sie spüren aber, diese Strophen funktionieren nicht mehr: «Selig, wer in Träumen stirbt», die Strophe ist zu Ende, aber es geht unmittelbar weiter: «Selig, wen die Wolken wiegen»; der Parallelismus würde ja zerstört, wenn wir hier Strophen abgrenzten. Und dann der Übergang von der zweiten zur dritten Strophe:«Dem der Traum den Flügel schwingt ...» «Daß an blauer Himmelsdecke ...»! Sie spüren, es ist unmöglich, hier noch Strophengrenzen abzusetzen.

Das Gleiche ist der Fall in dem großen Gedicht: *Was reif in diesen Zeilen steht,* wo schon die Syntax, nämlich ein dauerndes «und» verhindert, daß die Strophen ein Ende markieren, ebenso der durchgängige Reim.

Unter diesem Ereignis der Auflösung der Festigkeit der Strophe steht von nun an die Versgeschichte des ganzen 19. Jahrhunderts. Wir stehen heute noch unter seinem Einfluß. Wir hören die Strophen einfach nicht mehr als die Einheit, als die sie der klassische Goethe oder das 17. und 18. Jahrhundert gehört haben. Der fließende Rhythmus, seine Kola sind Zeilen oder Teile einer Zeile, aber die Strophe bedeutet in diesem Fließen nur noch wenig. Dieser Vorgang hat seine Entsprechung in der Tatsache, daß auch die Akzente nicht mehr so herausragen. Die unbetonten Silben werden fast ebenso akzentuiert gesprochen wie die Akzente. Die Hebungsschweren sind nicht mehr so stark. Zuletzt hatten wir von Hebungsschweren bei Klopstock gesprochen, als wir feststellten, daß seine freien Rhythmen und seine Odenmaße die Distanz zwischen unbetonter und betonter Silbe sehr weit wählen müssen, daß die guten und schlechten Taktteile bei ihm sehr kraß unterschieden sind. Wir haben damals gesprochen von der zeitgenössischen Musik, von der Mannheimer Schule mit ihrer Gleitdynamik, die nun die Differenz zwischen guten und schlechten Taktteilen so stark markiert und damit den Beginn der klassischen Musikphase in Deutschland einleitet. Ich hatte Ihnen von dem Musikhistoriker Becking die entsprechenden Sätze vorgelesen. Klopstocks harte Unterscheidung zwischen guten und schlechten Teilen entspricht der Musik seiner Zeit. Wir sehen, mit der Romantik stehen wir am Ende dieser klassischen Epoche. In der romantischen Versdichtung sind die Unterschiede zwischen Akzenten und Nichtakzenten fast verwischt. Und wie verhält sich die Musik? Ich greife wieder zu dem Buch von Becking, der über die dritte romantische Generation spricht und zunächst über Mendelssohn sagt: «Mit äußerster Vorsicht geht Mendelssohn an das – bei ihm gar nicht grobe – Geschäft des Schlagens. Vor allem scheut er den Einsatz der schweren Taktteile und vermeidet peinlich den Eindruck, als setze die gute Zeit herzhaft und mit aller Schwere ein, als schlüge er dort drein, wo jeder dreinschlägt. Im Gegenteil, er stattet die leichten Werte oft mit mehr Betonung aus als die schweren.» Becking weist dann noch auf die für Mendelssohn typische Erscheinung, daß im Vierviertellakt das zweite und vierte Viertel gewöhnlich punktiert erscheinen und damit ebensoviel Schwere bekommen wie die guten Teile. «Alle Aufstriche der Figur bekommen am Ende eine kleine Beschleunigung, die wie begeistertes Hinstreben auf die Taktschwerpunkte wirkt. Doch folgt der Niederschlag nur zögernd, der Abstrich setzt bedenklich und zurückhaltend ein. Bei jedem Wechsel von leicht zu schwer spürt man, daß es wirkliche, kraftvoll bejahende Erfüllung nicht geben kann, ein Kennzeichen für alle wahre Romantik von Hoffmann bis Schumann.» (Wir fügen wiederum Brahms hinzu). Gegen diese Auffassung gilt nicht der Einwand, daß es in der klassischen Musik ja Synkopen gibt; denn es ist ja gerade die Paradoxie der Synkope, daß sie von dem Gefühl des guten Taktteils lebt, den sie verletzt. Synkopen gibt es natürlich auch bei Chopin, bei Schumann, gibt es bei Brahms; aber bei ihnen gibt es nun das, was es in der klassischen Musik nicht gibt, nämlich die Taktversetzung, die Tatsache, daß zeilenlang eigentlich die nicht guten Taktteile – bei Brahms etwa – betont werden müssen. Noch etwas anderes Gemeinsames zwischen der romantischen Musik und der romantischen Verskunst: Wer Formanalysen klassischer Symphonien, Sonaten betreibt, weiß, daß es dort ein Bauprinzip gibt, das fast der Strophe in der klassischen Versdichtung entspricht: die Periodenbildung von vier Takten. Sie ist in der klassischen Musik sehr häufig, und dieses Prinzip löst sich ebenso auf bei Schumann, bei Chopin, bei Brahms, wie sich das Strophische bei Brentano und in der romantischen Lieddichtung auflöst. Die romantische Verskunst ist wirklich ein revolutionäres Ereignis in der Geschichte des Verses mit allem, was sie gebracht hat an verändertem Klanggefühl und verändertem rhythmischem Gefühl. Brentano ist wohl der Verskünstler, der von allen am ausgeprägtesten auf der Seite des fließenden Rhythmus steht.

Meine Damen und Herren!

Das 19. Jahrhundert ist recht schnell zu bewältigen, da es innerhalb der deutschen Versgeschichte fast keine Neuerungen bringt – über eine Ausnahme wird gleich zu sprechen sein–, sondern sich eklektisch mit einer Auswahl aus dem Bestand von Klassik und Romantik begnügt. Das Auswahlsystem selbst ist dabei allerdings von Interesse. Auffällig ist zunächst, daß der Vers, wie schon angedeutet, sehr zurücktritt. In den dreißiger Jahren wird fast nur noch Prosa geschrieben; der Vers kehrt dann wieder, erobert sich aber nie wieder die Herrschaft innerhalb der Literatur wie im 18. Jahrhundert. Vom 19. Jahrhundert an übernimmt die Prosa, übernimmt der Roman, die Erzählung, die Novelle die Führung im literarischen Leben. Neue literarische Phasen lesen wir nun nicht mehr an der Lyrik sondern an der Prosa ab. Der Vers behält seine Macht im Drama, freilich nicht mehr in der Vielfalt des romantischen Dramas; die Fülle der Versmaße aus den kulturmythischen Dramen wird nicht wieder aufgenommen. Man beschränkt sich auf den fünffüßigen Jambus, der nun das Entsetzen all der Dichter wird, die ein ausgesprochen feines rhythmisches Gefühl haben. Der Klang: wir deuteten bereits an, daß die Unreinheit, die sich unsere Klassik noch erlaubt, nun einem strengeren Prinzip weicht, so daß selbst ein Liliencron verlangt, daß jedes Gedicht in völlig reinen Reimen geschrieben sei. Wer außerhalb des literarischen Lebens steht, kümmert sich nicht darum. Die Droste leistet sich Ungeheuerlichkeiten an unreinen Reimen. Nicht nur, daß Sie See und Höh, e zu ö oder i zu ü reimen hören, sondern ebenso Reich und Zweig, g zu ch, wie sie es wohl bei Goethe gelesen hat. Bei den anderen Dichtern herrscht aber eine deutliche Tendenz zu reinen Reimen.

Das einzige Novum in der Versgeschichte des 19. Jahrhunderts ist das Auftauchen des Stabreims. Als klangliches Mittel zur Bindung von Versen im Inneren der Zeilen kennen wir ihn ja längst. Aber er wird jetzt zu einem verslich-rhythmischen Prinzip erhoben; die Gliederung des Verses wird durch dieses klangliche Mittel des gleichen Anlautes unterstützt. Richard Wagner und Wilhelm Jordan versuchen in dieser Weise den Stabreim als versbildendes Prinzip im deutschen Vers einzubürgern. Man könnte vermuten, daß bei Wagner die Beschäftigung mit germanischer Stabreimdichtung den Anstoß zu einem solchen Versuch gegeben hat. Das trifft aber nicht zu, sondern die Beschäftigung mit dem Stabreim gehört zu den tiefsten Gedanken Richard Wagners. Eine ausführliche Erörterung darüber findet sich in seiner Züricher Reformschrift: *Oper und Drama.* Bevor er seine neuen Tonwerke schafft, entwirft er die zugeordnete Theorie, eine Praxis, die die Symbolisten übrigens an ihm sehr bewundert haben. Die Abhandlungen über den Stabreim stehen am Ende des zweiten Teils und am Beginn des dritten Teils dieser Schrift. Der Stabreim ist bei ihm verbunden mit einer ganzen Sprachphilosophie: Die Sprache ist nach Richard Wagner ursprünglich – wir würden sagen – Kundgabe, Ausdruck, Melodie, und zwar als Melodie vokalisch. Das Urelement der Sprache sind die Vokale, die vom ersten Menschen zum Ausdruck seiner Gefühle gesungen wurden. Aber – so sagt Richard Wagner – die Sprache hat noch eine zweite Funktion, deren Fähigkeit sich früh erweist, nämlich: darzustellen. Man kann mit der Sprache eben «Haus» sagen und meinen: Das Haus da drüben. Da geschieht also etwas Neues: Wenn die Vokale das sprachliche Element der Kundgabe sind, in der sich die Emotion ausdrückt, so sind die Konsonanten das Mittel der Darstellung. Indem sich so Gefühl und Darstellung verbinden, setzen sich Vokale und Konsonanten zusammen, und es entstehen die Stammwurzeln. Die Wurzeln der Sprache – sagt Richard Wagner – vereinigen diese beiden Funktionen: Kundgabe und Darstellung; in den Wurzeln der Sprache verschmelzen die Vokale mit den Konsonanten. Wenn ich nun aber stabreime, d. h. Wörter zusammenstelle, die gleichen Anlaut haben, dann schaffe ich eine Gemeinsamkeit in der Welt, und gerade das ist nach Wagner die Aufgabe des Dichters. Der Stabreim bindet also das, was gegenständlich dargestellt werden soll, er schafft Einheit. «Im Stabreim werden die verwandten Sprachwurzeln in der Weise zueinandergefügt, daß sie, wie sie sich dem sinnlichen Gehöre als ähnlich lautend darstellen, auch ähnliche Gegenstände zu einem Gesamtbilde von ihnen verbinden, in welchem das Gefühl sich zu einem Abschluße über sie äußern will.» Diese Stammwurzeln sind also ursprünglich eine Art Natursprache. In diesen Stammwurzeln ist das echte, wahre Gefühl ausgedrückt und zugleich ein natürlicher Bezug geschaffen zwischen den Wörtern der Sprache und der Gegenständlichkeit. Wer also Stammwurzeln fügt, wer Stabreime fügt, der steht dem Ursprung der Sprache noch nahe. Diese Gedanken stehen denen August Wilhelm Schlegels sehr nahe.

Unsere moderne wissenschaftliche Prosa ist *ex conventione*; ursprüngliche Sprache, wie sie in der Dichtung da ist, ist *ex natura*. Und Richard Wagners Sehnsucht als die Sehnsucht eines Romantikers geht dahin, ursprüngliche Sprache zu sprechen, die eben noch *ex natura* ist und nicht *ex conventione*. Deswegen wird er nun zum leidenschaftlichsten Gegner des Jambus oder Trochäus, d. h. jener Versmaße, in denen ein regelmäßiger Wechsel von Auf und Ab da ist, jener Versmaße, in denen nun Stammwurzeln in die Senkung geraten können. Natürlich, die zweite Zeile der *Iphigenie* heißt: «Tret ích ...». Die Stammwurzel «tret» gerät in die Senkung und «ích» wird betont. Oder es kann vorkommen, daß nebensächliche, nur funktionale Wörter im Jambus oder Trochäus den Ton bekommen und nicht die Stammwurzeln der Sprache: «Heraus in eure Schatten ...». Das wäre für Wagner schon eine Entwürdigung des Verses, weil in «heraus» ein funktionales Wort den Ton trägt. Und nach ihm dürfen nur die bedeutenden Wörter den Ton tragen, d. h. also Verben, Nomina, Substantive, Adjektive und Adverbien. Aus der Sehnsucht der Romantiker nach der Ursprache, die noch mit der Natur verbunden ist, kommt Wagner also dazu, seinen Stabreim zu bauen.

Wir wissen nun alle, wenn wir Wagners Stabreime lesen, haben wir wenig das Gefühl, an den Ursprüngen dichterischer Sprache zu stehen:

> Weichherziges Weibergezücht!
> So matten Mut
> Gewannt ihr von mir?
> Erzog ich euch kühn
> Zum Kampfe zu ziehn,
> Schuf ich die Herzen
> Euch hart und scharf,
> Daß ihr Wilden nun weint und greint ...
>
> Das Trinkhorn nicht reichst du
> Traulich mir mehr ...

«Traulich» ist doch ein reines Flickwort, kein ursprüngliches, naturhaftes Wort, sondern ein Flickwort, hineingesetzt, damit die schöne Alliteration zu «Trinkhorn», der Stabreim, nun erfolgen kann. Und so werden immer wieder ganz leere Worte pathetisch aufgebauscht, um den Stabreim entstehen zu lassen. Wagner hat jedenfalls als Dichter die Größe seiner Konzeption als Theoretiker nicht halten können.

Neben ihm versucht es nun Wilhelm Jordan mit dem Stabreim. Er schreibt ein Epos *Die Nibelungen* im Stabreim, er rezitiert es auch auf seinen Reisen. Das waren Versuche, und – wie wir jetzt alle aus der historischen Distanz wissen – es sind Versuche geblieben.

Wenn die einzige Neuerung des 19. Jahrhunderts im Versuch steckenbleibt, so hat es außerdem von der vorgefundenen Formenfülle noch viel geopfert. Vor allen Dingen hat es keine Vorliebe für die klassischen Versmaße. Nur einzelne dichten noch in alkäischen, asklepiadeischen oder sapphischen Oden. Auch Hexameter und Distichon treten zurück. Einer der wenigen, der klassische Maße bewahrt, ist Platen, den wir schon an anderer Stelle besprochen haben. Wenn wir seine Oden prüfen, so stellen wir fest: Platen überwindet eine Schwäche, die von Klopstock bis Hölderlin fortgewirkt hat, nämlich die Schwäche, daß die Akzente auf zu schwache Silben geraten. In seinen theoretischen Abhandlungen spottet Platen sogar über Tonbeugungen. Er selbst bewahrt nun freilich noch eine Art von Tonbeugungen, die wir schon aus der Tradition kennen: die falschen Spondeen, die wir schon bei Klopstock, Hölty und Hölderlin beobachtet hatten, und denen erst Rudolf Alexander Schröder im 20. Jahrhundert ein Ende macht.

Es sind nur wenige Dichter, die sich überhaupt mit den Problemen des antiken Verses beschäftigen; die meisten benutzen nun das volkstümliche Element unter Bevorzugung des Vierzeilers. Es gibt nun einen Dichter, der sich ebenso frei hält von den antiken Maßen wie von dieser volkstümlichen Tradition: das ist Conrad Ferdinand Meyer, der in der Verskunst des 19. Jahrhunderts eine Sonderstellung einnimmt. Er begnügt sich mit Jamben und Trochäen, gelegentlich einmal zweisilbigen Senkungen; C. F. Meyer strebt nicht nach einem flüssigen Rhythmus. Es kann vorkommen, daß er in der Jugend bei den ersten Niederschriften der Gedichte vierzeilige Volksliedstrophen verwendet oder die sechszeilige schweifreimende Strophe. Bei seinen Überarbeitungen kann man dann immer feststellen, daß er neue Versmaße wählt, die alle aus dem fließenden Rhythmus herausführen. Es gibt ja kaum Arbeiten zur Verswissenschaft; hier liegt ein herrliches Material zur Untersuchung bereit. Es gibt Gedichte von Meyer in drei, vier, fünf, sieben verschiedenen

Fassungen, und jede stilistische Überarbeitung geht mit einem Wandel der Versmaße Hand in Hand. C. F. Meyer prüft genau, welches Versmaß für ein Gedicht geeignet ist. Die große Aufgabe für ihn besteht darin: Wenn er sich schon auf Jamben und Trochäen beschränkt und die Odenmaße, das Antike ablehnt, wie kommt er aus dem fließenden Rhythmus heraus, den ja Jambus und Trochäus so nahelegen? Wie bringt es Meyer fertig, aus der Vorläufigkeit herauszukommen und seinen Rhythmen Plastizität zu geben? Dieses Vorgehen wollen wir an einem Gedicht verfolgen, das zunächst den Titel hatte: *Auf dem See*. In der ersten Niederschrift ist noch fast der fließende Volksliedvers zu spüren:

> Ich gleite durch das Dunkel
> In leicht geführtem Kahn,
> Es spiegelt Sterngefunkel
> Sich unter meiner Bahn.
>
> Wo in der tät'gen Helle
> Das Segel hat gerauscht,
> Heb' ich aus nächt'ger Welle
> Mein Ruder unbelauscht,
>
> Des Markts Gewinn und Beute
> Belastet nicht mein Boot,
> Und ruhig stirbt mein Heute
> Den schmerzenlosen Tod.
>
> Vom Ruder seh' ich's triefen
> Wie Silber niederwärts,
> Und über stillen Tiefen
> Entschlummert mir das Herz.

Für unsere Zwecke interessant ist vor allem die dritte Strophe: «Und ruhig stirbt mein Heute / Den schmerzenlosen Tod». Man spürt, daß dieser Tod hier durch das schlichte weitergleitende Versmaß ein schmerzenloser Tod ist. Ich möchte fast annehmen, daß Meyer um dieser Strophe willen ein neues Versmaß suchte. Er will ja etwas anderes sagen, er will ja nicht diesen fast heiteren, gleichmütigen Tod ausdrücken. Die spätere Fassung lautet nun so:

Eingelegte Ruder

Meine eingelegten Ruder triefen,
Tropfen fallen langsam in die Tiefen.

Nichts, das mich verdroß! Nichts das mich freute!
Niederrinnt ein schmerzenloses Heute!

Unter mir – ach, aus dem Licht verschwunden –
Träumen schon die schönern meiner Stunden.

Aus der blauen Tiefe ruft das Gestern:
Sind im Licht noch manche meiner Schwestern?

«Nichts, das mich verdroß! Nichts, das mich freute! / Niederrinnt
ein schmerzenloses Heute» – Sie spüren, das ist nicht mehr ein leich-
ter, schmerzloser Tod, der hier gestorben wird, sondern ein ganz
neuer Bedeutungsgehalt hat sich in diesem Tod aufgetan. Dieser neue
Bedeutungsgehalt kommt wesentlich durch das neue Versmaß, die fünf-
hebigen Trochäen. Conrad Ferdinand Meyer gelingt es, aus der Vorläufigkeit des Trochäus herauszukommen, indem er nur bedeutungsvolle Wörter gebraucht. Die erste Fassung begann: «Ich gleite durch
das Dunkel / Im leicht geführten Kahn». Die zwei Zeilen enthalten
nur zwei Nomina: dunkel und Kahn, und diese können die Bewegung der anderen leichten, bedeutungslosen Wörter: «ich», «durch»,
«das», nicht aufhalten. Jetzt heißt es: «Meine eingelegten Ruder
triefen / Tropfen fallen langsam in die Tiefen». Nur noch in «in die»
sind solche flüchtigen Wörter erhalten, alle anderen Wörter sind
schwer, bedeutungsvoll und zwingen dazu, diesen Trochäus langsam
zu lesen, ihn zu einem eindrucksvollen Versmaß zu machen. Mit
diesem kurzen Ausblick auf die Sonderstellung Conrad Ferdinand
Meyers verlassen wir das sonst so wenig ergiebige 19. Jahrhundert
und wenden uns nun dem letzten Kapitel, dem deutschen Vers seit
dem Naturalismus zu.

Der Naturalismus wird sofort dadurch interessant, daß er sich
gegen die traditionelle Verskunst stellt. Wir stoßen auf eine Bewegung, die sich z.T. überhaupt gegen den Vers stellt. Während das
Drama im 19. Jahrhundert ja noch durchweg in Versform, im Blankvers erscheint, wird das Drama seit dem Naturalismus nun in Prosa
geschrieben; d.h. der Vers verliert weite Bereiche, in denen er bisher
unangefochten geherrscht hat. Der Naturalismus drängt zu einer

natürlichen Sprache und erkennt, daß jeder Gebrauch eines Verses schon eine Stilisierung bedeutet. Aus dem Wunsch, die natürliche Sprache wiederzugeben, lehnen Arno Holz und der junge Hauptmann für ihre Dramen den Vers ab.

Aber wie steht es mit der Lyrik? Eine Lyrik, die ohne Vers auskommt, ist keine Lyrik mehr. Bezeichnenderweise gibt es kaum Lyrik von Hauptmann oder Max Kretzer. Bei einigen Naturalisten, die noch Lyrik schreiben, stellen wir zunächst rein statistisch fest: es steigt die Flut der freien Rhythmen, des lockersten Verses also, der keine Reime, keine festen Zeilen, keine festen Strophen kennt. Aber die Naturalisten setzen dabei nicht die Tradition des freien Rhythmus fort, wie wir sie von Klopstock, Goethe und Hölderlin her kennen. Da war ja der freie Rhythmus das Maß des hymnischen Aufsingens. Die Naturalisten nehmen eher die Richtung auf, die in Heines *Nordseebildern* versucht ist, einen Parlando-Stil, der weitgehend der Prosa angenähert ist. Daneben lassen sich die Naturalisten durch das Ausland anregen, besonders durch die sogenannten freien Rhythmen von Walt Whitman, einem großen Amerikaner, der als moderner Mensch die moderne Zeit besingt und dazu eben Verse wählt, die die Naturalisten als freie Rhythmen, als Quasiprosa interpretieren. Ein Gedicht von Johannes Schlaf mag das exemplifizieren:

Das Wort

Die langen, öden, flackernden Vorstadtstraßen!
Die Winterstraßen.

Einen Hageren, Dunklen, Tiefäugigen seh' ich,
Zitternd im schlechten Kleid drückt er sich durchs
treibende Gewühl,

Durch Frost und wirbelndes Flockenspiel,
Durch das Gewühl der Vorstadtstraßen,
Durch das Rauschen und Brausen der Kraft.

Einen Suchenden seh' ich,
Durchschüttert vom Strom der Kraft,
Liebend beschleichend die Kraft.

Ich sah das werdende Wort,
Das Wort der Kraft.
Das werdende Wort.

Aus diesem Gedicht spricht die Sehnsucht nach einer neuen Sprache, nach einem neuen Wort; aber offensichtlich soll dieses Wort nicht vom Vers getragen werden; es ist die Sehnsucht nach dem bedeutungsvollen, meinungskräftigen Wort, von dem aber der Verscharakter gestrichen ist.

Es gibt aber einen Naturalisten, der ein genialer Verskünstler ist, der mit einer Leichtigkeit Verse schreibt wie keiner seiner Zeitgenossen: das ist Arno Holz. Sein erstes Buch heißt *Das Buch der Zeit, Lieder eines Modernen*. Diese Verse sind von einer seltenen Eleganz, zumeist fließende Verse, viel Liedhaftes klingt auf. Sie sind geschult, wie wir schnell erkennen, an Heinrich Heine, und wir verstehen das Urteil eines Liliencron, der damals schrieb: «Donnerwetter! Sind das Sachen! Nie, ja nie habe ich so souverän den Reim behandelt gesehen! Holz ist ein Genie.» Aber derselbe Arno Holz, der hier mit solcher Genialität und Leichtigkeit gereimt hatte, gesteht kurze Zeit darauf: «Das Höchste, das Entzückendste, das es damals für mich gab, war eine Zeile, die wie eine Kuhglocke läutete.» «Wie eine Kuhglocke», damit meinte er gerade den Reim. Er sieht es als eine Jugendverirrung an, daß er nach diesem Kuhglockengeläute gestrebt hätte. Der deutsche Vers müsse erneuert werden. Nun macht sich Arno Holz mit dem bohrenden Tiefsinn, der ihn überall kennzeichnet, daran, eine neue Theorie zu schaffen, ja noch mehr, einen neuen deutschen Vers zu schaffen, der nun die ganze Tradition zertrümmert. Den Anlaß verstehen wir sehr gut: heraus aus dem Reim, heraus aus dem Vers, der die Wörter so leicht «poetisch» macht, der ihnen eine poetische Aura gibt; Holz kämpft gegen die Münchner Formkunst der Geibel und anderer, die wohl formvollendete Verse schreiben, aber bei denen die Worte nun nicht bedeutungsvoll, sondern klischeehaft, «poetisch» sind. Wer von Ihnen ein Frühlingsgedicht schreiben will, der wird ja wohl niemals mehr das Wort «Lenz» benutzen. Lenz ist ein solches Wort, das nur eine poetische Aura hat. Sie werden wohl auch nicht vom «Antlitz» sprechen, Sie werden sich hüten, des «Berges Zinnen» noch in den Vers zu setzen oder «des Lebens Brandung» oder «des Lebens Wogen». Sie spüren, das ist nicht mehr zu verwenden, das mag einmal poetisch gewesen sein, heute ist es nur noch falsche Poeterei. Als Probe dafür mögen zwei Strophen von Geibel stehen, in denen sich leere Wörter mit dieser poetischen Aura geradezu häufen:

Es gibt wohl Manches, was entzücket,
Es gibt wohl Vieles, was gefällt;
Der Mai, der sich mit Blumen schmücket,
Die güldne Sonn' im blauen Zelt.
(Sie hören es: «Die güldne Sonn' im blauen Zelt».)
Doch weiß ich Eins, das schafft mehr Wonne,
Als jeder Glanz der Morgensonne,
Als Rosenblüt' und Lilienreis:
Das ist getreu im tiefsten Sinne
Zu tragen eine fromme Minne,
Davon nur Gott im Himmel weiß.
Wem er ein solches Gut beschieden,
Der freue sich und sei getrost!
Ihm ward ein wunderbarer Frieden,
Wie wild des Lebens Brandung tost.
Mag alles Leben auf ihn schlagen,
Sie lehrt ihn nimmermehr verzagen,
Sie ist ihm Hort und sichrer Thurm;
Sie bleibt im Labyrinth der Schmerzen
Die Fackelträgerin dem Herzen,
Bleibt Lenz im Winter,
    (da ist es nun endlich!)
             Ruh im Sturm.

Das ist die Dichtung, gegen die die Naturalisten und Arno Holz kämpfen. Wir verstehen ihren Ansatz auch heute noch sehr gut. Aber wenn nun Holz seine eigene Theorie entwickelt, ist leicht zu erkennen, worin auch diese fehlgeht. In den großen Schriften *Revolution der Lyrik* von 1899 und dann in der zusammenfassenden Schrift *Befreite deutsche Wortkunst* von 1918 formuliert Arno Holz seine Theorie. Zunächst: der Reim muß abgeschafft werden. Der Reim ist ein leeres Geklingel und vor allen Dingen: der Reim ist abgenutzt. Es gibt Tausende von Wörtern, die der Reim eben nicht mehr benutzen kann, weil sie abgeschlissen sind. Zweitens aber auch: heraus aus dem Vers, der solche poetische Aufladung besorgt. «Die ursprünglichen Werte den Worten ... gerade zu lassen und die Worte weder aufzupusten noch zu bronzieren oder mit Watte zu umwickeln, ist das ganze Geheimnis. In dieser Formel, so unscheinbar sie auch

aussieht, konzentriert sich alles. Wenn ich einfach und schlicht ...
«Meer» sage, so klingt's wie «Meer»; sagt es Heine in seinen «Nord-
seebildern», so klingt's wie «Amphitrite». Das ist der ganze Unterschied. Er ist allerdings ... wesenstief.» Holz kehrt sich hier gegen
seinen Lehrmeister und mit einem gewissen Recht; denn Heines
Nordseebilder sind keineswegs frei von einer poetischen Sauce.
Wenn er «Meer» sagt, gut, das klingt wie Amphitrite. Aber wenn
Arno Holz «Meer» sagt, so klingt's wie Meer? Was ist das für eine
Sprachtheorie? Wann sagt Arno Holz je «Meer»? Er sagt doch niemals alleine das Wort Meer, sondern er sagt es in Zusammenhängen,
sei es in der Prosasprache des Alltags oder meinetwegen in einem
Gedicht. Und das Wort «Meer», wenn es Arno Holz, wo auch immer gebraucht, klingt jedesmal anders. Meer kann klingen wie Salz-
wasser, Meer kann klingen wie Unendlichkeit, Meer kann klingen
wie Gefahr, Meer kann klingen wie Abgründigkeit, wie Geheimnis.
Es gibt doch niemals das Wort Meer alleine gesprochen, in seinem
eigenen Klang. Und da erkennen Sie die Brüchigkeit der Holz'schen
Theorie. Arno Holz achtet nicht auf die Nebenbedeutungen, die
gerade in dichterischer, in lyrischer Sprache ja entfaltet werden. Das
ist doch das Wesen lyrischer Sprache, daß sie Worte nicht nur in
ihrem klaren Meinungsgehalt benutzt, sondern in ihrer geheimen
Bedeutungskraft, mit allem, was darum schwingt, mit allen Neben-
vorstellungen und der geheimen Bildlichkeit. Arno Holz kehrt sich
zudem gegen den Vers, gegen das vorgeschriebene Schema, das erfüllt werden soll, gegen eine fremde Ordnung, die sich mit dem Vers
über die Sprache legt. Er wirft der überkommenen Lyrik vor, sie
strebe nach einer gewissen Musik durch Worte als Selbstzweck, oder
besser: nach einem Rhythmus, der nicht durch das lebt, was durch ihn
zum Ausdruck gebracht wird, sondern den daneben auch noch seine
Existenz rein als solche freut. Wir lassen dahingestellt, ob es immer
eine Selbstfreude an der eigenen Existenz des Rhythmus ist. Arno
Holz will jedenfalls einen Rhythmus, der nicht als Fremdes von außen
kommt und erfüllt werden soll, sondern der gleichsam in den Worten
selbst liegt. Und damit verfehlt er ja das Prinzip des Verses. Ich darf
Sie an die erste Stunde erinnern, als wir uns besannen auf das Wesen
des Verses und sagten: Der Vers ist eine Vermählung, eine Vereini-
gung dieser beiden: der Sprache mit ihrem natürlichen Tonfall und
der Ordnung des Rhythmus, die von außen kommt und sich über die

Sprache legt und nun den Vers schafft. Arno Holz will diese ganze Seite des Rhythmus streichen und gleichsam nur noch die natürliche Ordnung der Sprache gelten lassen. Und er schafft nun in lebenslanger Arbeit das große lyrische Werk, das den neuen Vers, den zukünftigen Vers zeigen soll, seinen *Phantasus*. Schon wenn Sie ihn aufschlagen, staunen Sie über das Druckbild. Wir sind ja gewohnt, Verse so zu lesen, daß es eine Anfangsachse gibt, daß alle Zeilen in der gleichen Höhe beginnen. Es ist doch wohl ein optischer Ausdruck für das Wesen des Verses als Korrespondenz, daß die Verszeilen gleich beginnen, weil die Verszeilen eben im Bezug der Kehre zueinander stehen. Arno Holz legt nun den Vers so an, daß eine Achse in der Mitte der Seite verläuft, um die sich alle Zeilen ordnen. Diese Zeilen sind mal kurz, mal lang; sie können ein Wort, ein einsilbiges Wort umfassen, oder sie können drei, fünf, sieben Worte umfassen. Er bevorzugt diese ungeraden Zahlen, weil er dadurch immer ein Mittelwort der Zeile hat. Es ergibt sich daraus die Frage: wird das Ganze hier nicht zu einem optischen Phänomen? Was bedeutet bei Arno Holz eigentlich noch die einzelne Zeile, wenn gleichwertig einander zugeordnet sind ein einsilbiges Wort und eine neunwortige Zeile? Ich gebe Ihnen eine Probe:

Dunkle
Ranken über eine verfallende Mauer
Sind
Meine   Tage.

Das «sind» steht doch in keiner Korrespondenz mehr zu «Ranken über eine verfallende Mauer», das ist nicht mehr gleichgewichtig, das sind doch keine Verse mehr. So hat denn Arno Holz seine Kräfte verzehrt an dieser unmöglichen und – wie sich leicht zeigen läßt – von einer falschen Voraussetzung ausgehenden Aufgabe, den deutschen Vers zu revolutionieren und eine neue Möglichkeit zu öffnen. Im Grunde ist der *Phantasus* in gehobener Prosa geschrieben, der Verscharakter ist eigentlich nur optisch bedingt.

Seine ursprüngliche Begabung als Verskünstler hat er trotzdem zum Glück noch geäußert, nicht mehr als reiner Dichter, sondern unter dem Mantel der Parodie. Es gibt ein köstliches Werk von ihm, in dem sich seine ganze Begabung für den Vers offenbart: *Des berühmten Schäfers Daphnis selbstverfertigte Freß-, Sauf- und Venuslieder, nebst angehängten aufrichtigen Bußtränen von 1904.* Er verwandelt sich in einen Dichter des 17. Jahrhunderts, als ja noch der Reim und der Vers erlaubt sind, und unter dieser Maske, halb parodistisch, aber auch halb ernsthaft, offenbart er nun seine große Begabung für den Vers; d. h., durch eine Hintertür holt er plötzlich den Reim, den Vers, das Lied wieder herein.

Und wenn die Naturalisten im allgemeinen ja zu Liedern nicht fähig waren, weil sie ja das aufrüttelnde Wort suchten, so kommt damals das Lied, das so verachtete Lied, durch eine zweite Hintertür nochmals hinein in die deutsche Literatur, und zwar über das Chanson. In Frankreich hatte sich Ende des 19. Jahrhunderts ein neues literarisches Phänomen gebildet, das für das literarische Leben hochinteressant ist: das Kabarett, das literarische Kabarett, geführt von Aristide de Bruyant. *Chat noir* war eines solcher Kabaretts, in denen Lyrik wieder lebt, nicht gelesen sondern gehört und gesungen wird, in denen Lyrik in unmittelbarem Kontakt mit dem Publikum steht. Diese Brettl-, diese Kabarettbewegung wird von Wolzogen und Bierbaum Ende des 19. Jahrhunderts nach Deutschland gebracht. Es finden sich sofort Anhänger für diese neue Form, und zwar die bedeutendsten Dichter: Dehmel, Wedekind, Bierbaum usw. Es gehört dazu als einer der begabtesten Chanson-Dichter der junge Rudolf Alexander Schröder. Die Sammlung, die Bierbaum herausgibt, hat den Titel *Deutsche Chansons* und wird die erfolgreichste Lyriksammlung der ganzen Zeit. Kein anderer Lyriker kann sich mit dem Erfolg dieser Sammlung messen. Im Jahre 1919 lag das 107. Tausend dieser *Deutschen Chansons* vor, in denen nun die ganze Lebendigkeit, ja eine neue Frechheit des Rhythmus entwickelt worden war. Ich kann auf diese Sammlung nur hinweisen, ohne Beispiele zu geben.

Arno Holz führte in eine Sackgasse. Die Revolution des Verses wurde nicht durchgeführt, der Vers verkümmerte bei den Naturalisten. Von einer ganz anderen Position als dem Chanson her erfolgte nun die Restituierung des Verses. Wir kommen einen Augenblick zu Stefan George. Für Stefan George ist die Aussage bezeichnend, daß die Sprache der Dichtung niemals die Sprache des Alltags ist. George nimmt also genau die entgegengesetzte Position wie der Naturalismus ein, die Position nämlich, daß Dichtung gekennzeichnet ist durch Klang und Maß, d. h. daß gerade das Vershafte, dieses Fremde, was über die Sprache kommt, das Entscheidende der Dichtung ist. Das tief Erregende, die Magie, das Geheimnisvolle liegt für ihn im Vers als einer fremden Ordnung. Wir wissen noch von den Freunden, die ihn haben vortragen hören, daß Stefan George als Rezitator das gleichsam übersteigert hat. Psalmodierend hat er seine Verse vorgetragen, niemals akzentuiert nach den Sinnbedürfnissen, sondern unter strenger Einhaltung des Maßes, des schweren Auf und Ab der Betonung und Nichtbetonung. So wie Conrad Ferdinand Meyer, wie Platen ganz scharf konturierte Zeilen wünschen, so baut Stefan George seine Zeilen schwer, wuchtig, lebend aus diesem Kontrast zwischen guten und schlechten Taktteilen, wenn Sie so wollen, aus diesem Kontrast zwischen Hebung und Senkung. Wir haben Zählungen angestellt für die Reimworte bei Stefan George, und es ergab sich, daß in auffälliger Zahl bedeutende Reimworte gebraucht werden. Auch der Reim untersteht diesem Gesetz des wuchtigen Abschlusses; die Zeile erscheint als Block. Und so wie Arno Holz das Optische benutzte, so benutzt auch Stefan George das Optische, um dem Leser schon gleich diese Magie des Verses aufzuzwingen: eine eigene Schrift, unter Vermeidung von Großbuchstaben, zwingt zum langsamen Lesen und damit zu diesem bedeutungsvollen Auf und Ab. Wie ein Block steht die Zeile da, wie ein Block steht die Strophe da, wie ein Block steht das Gedicht da. Dazu kommt eine Neuerung, die Stefan George versucht, nämlich eine Größenordnung des Verses zu finden, die über das Gedicht hinausreicht. So ordnet er seine Gedichte in Zyklen, in Zyklen, die zunächst gar nicht bestimmt sind durch innere Zusammenhänge, sondern von außen her, von der Zahl. Freilich von einer geheimnisvollen Zahl, von den Zahlen drei und sieben und zehn, von den Zahlen, die ein Dante verwendet hat. Stefan George baut seine Zyklen, seine Gedichtbände immer starrer und immer strenger. Er ist wohl der Dichter, der ganz an dem einen Pol des deutschen Verses steht. Wenn dort das Fließende war, steht hier das Bauende. Stefan George, der große Bauende, der Gegenpol sozusagen zu Brentano. Brentano, der vom Fließen her Dichtende; George, der immer Bauende, auch wo er Lieder schreibt. Es gibt bei George nicht das Lied, wie wir es von der Romantik her kennen. Wenn es Lieder gibt, dann sind es Lieder in der Distanzhaltung gesprochen, Lieder, in denen wir nicht in einen fließenden Rhythmus einschwingen; sondern auch da herrscht der gebaute Vers, das schwere Reimwort.

Sein Antipode in der Zeit, der junge Rainer Maria Rilke, ist gerade durch das Gegenteil gekennzeichnet, daß er unbedeutende Wörter in den Reim stellt; der junge Rilke will gerade das Fließende. Er benutzt den Reim in diesem Sinne, er benutzt dazu das Enjambement. Kein Aufenthalt am Ende der Zeilen, sondern Hinüberfließen.

Ich muß hier eine Warnung aussprechen: Das Enjambement kann nämlich verschiedene Funktionen haben; wir stoßen hier in der Versgeschichte auf das gleiche Phänomen, das wir in der Stilistik mühsam gelernt haben, auf das Phänomen, daß eine einzelne sprachliche Figur noch nichts darüber aussagt, wie sie funktioniert. Sinnfälliges Beispiel: wenn ich statt «ich» «wir» sage, dann kann das die Bekundung eines ungeheuren Selbstgefühls sein, der Plural majestatis, es kann aber ebenso der Ausdruck der Bescheidenheit sein: ich will nicht ich sein, sondern ich sage deswegen «wir». Die einzelne sprachliche Figur ist mehrwertig. Und genauso ist es in der Versgeschichte. Das Enjambement als feststellbares Phänomen besagt noch nichts durch sich selber, sondern erst aus dem Kontext wird seine Funktion deutlich. Es gibt ein Enjambement, das durchaus Aufenthalt am Ende der Zeile bewirkt; und weil es Enjambement ist, beschwert es das Ende der vorhergehenden wie den Anfang der nächsten Zeile. Einige Zeilen des späten Hölderlin mögen das deutlich machen:

> Drum überraschet es auch
> Und schrökt den sterblichen Mann,
> Wenn er den Himmel, den
> Er mit den liebenden Armen
> Sich auf die Schultern gehäufft ...

Wenn Sie die Zeilen fortlaufend, ohne Rücksicht auf das Enjambement lesen, so erfüllen Sie nicht den Willen Hölderlins, der mit der Aufladung der Worte «den» – «Er» gelesen haben will. Ebenso soll das «Sich» am Anfang der letzten Zeile einen starken Akzent tragen. Ein zweites Beispiel aus den späten Hymnen:

> Die Liebenden aber
> Sind, was sie waren; sie sind
> Zu Hause, wo die Blume sich freuet ...

Diese Aufladung erfolgt, wie Sie erkennen, einzig durch das Enjambement; durch dieses Hinübertragen in die nächste Zeile werden die

Endwörter der einen und die Anfangswörter der neuen Zeile bedeutungsschwerer.

Rilke verwendet das Enjambement genau im gegenteiligen Sinne, gerade um am Zeilenende keinen Halt anzuerkennen. Als Probe einige Strophen aus dem Gedicht *Die Kurtisane:*

> Venedigs Sonne wird in meinem Haar
> ein Gold bereiten: aller Alchemie
> erlauchten Ausgang. Meine Brauen, die
> den Brücken gleichen, siehst du sie
>
> hinführen ob der lautlosen Gefahr
> der Augen, die ein heimlicher Verkehr
> an die Kanäle schließt, so daß das Meer
> in ihnen steigt und fällt und wechselt. Wer
>
> mich einmal sah, beneidet meinen Hund ...

Die Zeile könnte zu Ende sein: «in ihnen steigt und fällt und wechselt»: Punkt. Rilke fügt noch das Wörtchen «Wer» an, und damit hebt er gleichsam den Punkt auf, und dieses Wörtchen «wer» drängt sofort in die nächste Zeile: «mich einmal sah, beneidet meinen Hund ...». Er will nicht, daß die Zeile trennt. An dieser Stelle ist das Wörtchen «wer» sehr aufschlußreich. Es leitet nicht nur von dieser Zeile zur nächsten, sondern es leitet sogar von einer Strophe zur nächsten, es leitet von den Quartetten zu den Terzetten über; denn was ich Ihnen gelesen habe, war ein Teil eines Sonetts. Die klassische Grenze des Sonetts, der Übergang von den Quartetten zu den Terzetten, wird bei dem fließenden Rhythmus des jungen Rilke zerstört. Er will nicht diesen Aufenthalt, dieses Bauende, nach den dicken Quadern des Quartetts die sich verjüngenden Terzette, sondern er gleitet durch das Enjambement von den Quartetten zu den Terzetten hinüber. In dem gleitenden Rhythmus des jungen Rilke lösen sich alle Bauformen auf, löst sich selbst das Sonett auf. Ein anderes Beispiel, wie er in gleicher Funktion den Klang verwendet:

Die Flamingos

> In Spiegelbildern wie von Fragonard
> ist doch von ihrem Weiß und ihrer Röte

nicht mehr gegeben, als dir einer böte,
wenn er von seiner Freundin sagt: sie war
(hier endet das erste Quartett)
noch sanft von Schlaf. Denn steigen sie ins Grüne
und stehn, auf rosa Stielen leicht gedreht,
beisammen, blühend, wie in einem Beet,
verführen sie, verführender als Phryne
(hier ist das zweite Quartett zu Ende)
sich selber ...

Hier müßte der Übergang zu den Terzetten erfolgen, und Sie erkennen, wie Enjambement und klangliche Bindung hier weiterdrängen in
die Terzette hinein. Das ist kennzeichnend für den frühen Rilke. Und
wir können wieder sagen, wenn hier die Vokalhäufung, die Klang-
häufung bindend wirkt, so kann George dasselbe Mittel verwenden,
und es leistet bei ihm das Gegenteil, nämlich aus dem Fließenden
heraus, zum Bauenden zu führen. Auch dafür ein Beispiel aus dem
Jahr der Seele:

Dies leid und diese last: zu bannen
Was nah erst war und mein.
Vergebliches die arme spannen
Nach dem was nur mehr schein.

Dies heilungslose sich betäuben
Mit eitlem nein und kein.
Dies unbegründete sich sträuben.
Dies unabwendbar-sein.

Beklemmendes gefühl der schwere
Auf müd gewordner pein.
Dann dieses dumpfe weh der leere.
O dies: mit mir allein!

Sie hören, wie hier die Vokale von «weh der leere» ... «Mit eitlem
nein und kein ...» gerade dazu antreiben, nun diese schweren Blöcke
der Zeilen zu fügen, das Tempo zu verlangsamen, die Akzente
herauszuheben und alles in allem, den fließenden Rhythmus zu vermeiden. Wir haben uns neulich die Frage gestellt, ob der junge George,
der ja in Frankreich bei den Symbolisten gewesen ist, in seiner Vers-

kunst vielleicht noch vom französischen Symbolismus angeregt worden ist.

Das Programm des französischen Symbolismus aber ist enthalten in den Versen von Verlaine *Art poétique*, Verse, in denen Verlaine seine eigene Poetik ausspricht:

> *De la musique avant toute chose,*
> *Et pour cela préfère l'Impair,*
> *Plus vague et plus soluble dans l'air,*
> *Sans rien en lui qui pèse ou qui pose.*

Musik vor allen Dingen und deswegen bevorzuge *l'Impair*, das Ungrade, das Ungewichtige. *Plus vague* – vager und lösbarer in der Luft, ohne etwas in sich, das wiegt und das aufhält. Das heißt: der französische Symbolismus verkündigt hier als sein Versprinzip den fließenden Rhythmus. Dieses Ereignis war tatsächlich in den achtziger Jahren in Frankreich die große Revolution, das Stadtgespräch von Paris, wichtiger als alle politischen Verwicklungen. *Vers libre* oder gegen den *Vers libre:* heraus aus den Alexandrinern, heraus aus der Alternierung, neue freie Verse, die sich in der Luft auflösen. Verlaine ist der Dichter dieses fließenden Rhythmus und bei uns so schnell berühmt geworden, weil wir ja das deutsche romantische Lied in ihm wiederkehren spürten. Mallarmé hat keine *vers libres* gedichtet, Mallarmé hat den bauenden Vers. Hugo Friedrich hat in seinem Buch über *Die Struktur der modernen Lyrik* auf diese Linie des strengen Versbaus hingewiesen, die von Mallarmé zu Valéry hinführt, und hat sogar behauptet, daß hier die entscheidende Linie in der modernen Lyrik verlaufe. Nicht der fließende Rhythmus, wie er in den Programmen des Symbolismus verkündet und von Verlaine gedichtet würde, sei das Entscheidende für den Symbolismus, sondern gerade die Formenstrenge. Hugo Friedrich sagt: «Die Dichtung aber ergreift solche Formen als nunmehr genau einzuhaltendes Regelwerk, das sie über die rohe Spontaneität und über das Chaos der Einfälle hinaushebt. Im übrigen liegt das Besondere der metrischen Genauigkeit bei der modernen Lyrik darin, daß sie einen Kontrast bildet zum verdämmernden Gehalt, – in Analogie zu jener anderen Kontrastspannung zwischen einfacher Syntax und komplizierter Aussage.»

Sie erkennen noch einmal, wie oberflächlich Arno Holzens Deutung war von der Selbstgefälligkeit des Rhythmus, der sich selber genießt. Hugo Friedrich weist hier darauf – und wir haben früher selber darauf gewiesen –, daß der strenge Rhythmus, dieser gebaute Rhythmus in einer Kontrastspannung steht zu dem Verdämmernden des Gehaltes in symbolistischer, in moderner Lyrik. Und Sie gewinnen eine Erkenntnis (und wenn Sie im ganzen Kolleg nichts anderes gewinnen, so soll das Gewinn genug sein), daß nämlich Verswissenschaft treiben nicht bedeutet, Jamben zählen und wissen, was ein Triolett ist, sondern daß es bedeutet, in der Ganzheit des Gedichtes diesen Aspekt des Verses an sich zu gewinnen, um dann seine Funktion im Ganzen zu ermitteln. Gerade so etwas festzustellen, wie etwa, daß eine Kontrastspannung zwischen einem straffen, gebauten Vers und dem Verdämmernden des Gehaltes besteht. Wir haben früher Ähnliches beobachtet, etwa in der Verskunst eines Eichendorff oder eines Brentano, wo nun die Wirkung des Rhythmus in Kontrast gerät zu dem, was die Worte inhaltlich besagen. Erst das Ganze dieses Zusammenspiels ist ja dann das Gedicht.

Wir haben davon gesprochen, daß Stefan George ganz dem bauenden Vers zudrängt, der junge Rilke aber dem verfließenden Verse, der nun selbst so heilige Formen wie das Sonett auflöst. Ich hoffe, daß Sie leicht opponieren, wenn Ihnen die ersten Zeilen der *Duineser Elegien* im Ohr liegen: «Wer, wenn ich schriee, hörte mich denn aus der Engel / Ordnungen?» Das ist kein verfließender Vers mehr. Es sei zum Schluß auf diese neue Phase in Rilkes Schaffen hingewiesen, in der er aus dem fließenden Vers der Jugend herauskommt zu dem großen Strömen in den *Duineser Elegien* und in den *Sonetten an Orpheus*. Jetzt hat plötzlich das Enjambement ganz andere Funktionen:

Weit. Wir wohnen dort draußen ...

> Wo? Und der Jüngling

folgt. Ihn rührt ihre Haltung. Die Schulter, der Hals –,

> vielleicht

ist sie von herrlicher Herkunft.

Erst durch das Enjambement kommen jetzt diese Beschwerungen zustande: «Vielleicht / ist sie von herrlicher Herkunft». Der Vers, wie wir ihn hier bei dem späten Rilke in den *Duineser Elegien* hören, ist uns schon einmal in der deutschen Versgeschichte begegnet, bei dem späten Hölderlin. Der Zusammenhang zwischen dem späten

Rilke und Hölderlin ist in einer Arbeit von Herbert Singer, *Rilke und Hölderlin* jetzt bis ins einzelne beobachtet worden. Es war bekannt, daß Rilke im zweiten Jahrzehnt Hölderlin begegnet ist. Seine *Fünf Gesänge* vom Krieg sind eingetragen auf Hellingraths Ausgabe der Hölderlinschen Gedichte. Singer zeigt nun, wie tief diese Begegnung Rilkes mit Hölderlin gegangen ist. In jener Zeit schreibt er in einem Brief: «Unser Gefühl kann gar nicht anders, als im Nachfühlen wachsen ... Wäre doch der Umgang mit einem Kunstding überhaupt aussichtslos ohne ein Mit- und Nachfühlen bis fast zur eigenen Vernichtung, um sich dann zuletzt reicher, fassender, fühlender zurückzubekommen. Nachfühlen ist Demut, Nachahmen ist Eitelkeit.» Wir dürfen wohl sagen, dies ist ein Selbstbekenntnis. Rilke hat sich in diesen Jahren eingefühlt in Hölderlin fast bis zur eigenen Vernichtung; und er ist dann aufgetaucht in den späten *Duineser Elegien* und hat diesen Rhythmus Hölderlins, des späten Hölderlin der freien Rhythmen, selbstverständlich aufgenommen. Sie wissen alle, daß die *Duineser Elegien* ohne Reim geschrieben sind. Rilke verzichtet auf all die Mittel, die er in seiner Jugendphase so souverän beherrscht hat, und widmet sich nun ganz diesem neuen Ton, diesem strömenden Rhythmus, den er bei Hölderlin erlebt hat.

Wir haben leider nicht mehr die Zeit, noch über Hofmannsthal als den dritten großen Verskünstler jener Jahre zu sprechen, Hofmannsthal, der zunächst näher bei Rilke, dem fließenden Rhythmus zu stehen scheint. Aber wenn Sie den Band *Gedichte* Hofmannsthals durchblättern, dann stellen Sie fest: Er kann die kurze Verszeile, er kann die Strophe überspülen im fließenden Rhythmus; aber Sie finden ebenso oft lange Zeilen, und auch diese erfüllt er. Sie finden bei Hofmannsthal Sonette, die nun nicht wie bei Rilke aufgelöst sind in den Fluß, sondern die streng gebaut sind. Sie finden überflossene Strophen, und Sie finden schwer gebaute, volle, gültige Strophen. Hofmannsthal schreibt mit der gleichen Sicherheit Stanzen; er gebraucht die Terzine; er verwendet das Ghasel, den Hexameter und das Distichon. Hofmannsthal – dürfen wir sagen – schreitet noch einmal den ganzen Bereich des deutschen Verses ab, und zwar so, daß er nirgends vergewaltigt, sondern die Formen von innen heraus erfüllt. Es fehlt uns wie an einer Arbeit über den Vers Georges und den Vers Rilkes so an einer Arbeit über den Vers Hofmannsthals. Als einen methodischen Einstieg empfehle ich dabei immer wieder, die

Übersetzungen dieser Dichter zu nehmen. Hofmannsthal schreibt ein Gedicht mit dem Untertitel: «Nach S. T. Coleridge», Rilke einen Sonettenzyklus nach Elisabeth Barrett-Browning; Stefan George übersetzt, Rilke übersetzt. Es lohnt, gerade um das Eigentliche der Verskunst dieser Lyriker methodisch in den Griff zu bekommen, diese Übersetzungen mit den Originalen zu vergleichen. Soviel also im Überblick zu den drei Großen jener Zeit.

Die Hauptströmung der Zeit im zweiten und dritten Jahrzehnt des neuen Jahrhunderts ist der Expressionismus. Zunächst scheint er fast wie eine Wiederholung des Naturalismus: er stellt sich gegen den Vers, gegen den Reim. Jetzt droht für einige Zeit der Reim überhaupt aus dem deutschen Vers zu verschwinden. Wir finden abermals viel freie Rhythmen, wir finden auch Strengeres. Ein Lyriker wie Georg Heym, der uns fast als der bedeutendste erscheint, verwendet in seiner Sammlung *Der ewige Tag* nur die vierzeilige Strophe oder das Sonett, ein Expressionist also, der Sonette schreibt:

Louis Capet

Die Trommeln schallen am Schafott im Kreis,
Das wie ein Sarg steht, schwarz mit Tuch verschlagen.
Drauf steht der Block. Dabei der offene Schragen
Für seinen Leib. Das Fallbeil glitzert weiß.

Von allen Dächern flattern rot Standarten.
Die Rufer schrein der Fensterplätze Preis.
Im Winter ist es. Doch dem Volke wird heiß,
Es drängt sich murrend vor. Man läßt es warten.

Da hört man Lärm. Er steigt. Das Schreien braust.
Auf seinem Karren kommt Capet, bedreckt,
Mit Kot beworfen und das Haar zerzaust.

Man schleift ihn schnell herauf. Er wird gestreckt.
Der Kopf liegt auf dem Block. Das Fallbeil saust.
Blut speit sein Hals, der fest im Loche steckt.

Dieses Thema als Sonett verarbeitet erstaunt uns. Was uns versgeschichtlich interessiert, ist hier ein eigener sehr spezifischer Rhythmus. Es ist der Rhythmus, den wir immer wieder im Expressionismus hören, kein fließender und kein gebauter, sondern ein gestoßener

Rhythmus. Wir können hier beinahe von einem unterminierenden Rhythmus sprechen, der in immer neuen Stößen blockartig nun die Sätze hinsetzt und dabei nicht mehr auf die Zeile und die Strophe Rücksicht nimmt, der aber doch ein Gepräge hat, das wir bei Benn und anderen Expressionisten wiederfinden.

Als Letztes ein Blick auf *Transit*, die von Höllerer herausgegebene Sammlung, die uns ja angeboten wird als symptomatisch für die Jahrhundertmitte und für die kommende Zeit. Ich gab Ihnen schon das Resultat von Zählungen, die ergaben, daß der Reim hier nur noch ganz selten zu finden ist. Sie haben darin überwiegend freie Rhythmen; freie Rhythmen, die zum größten Teil ganz nah an die Prosa herankommen, fast schon Prosa sind. Ich gewinne den Eindruck – und ich bitte Sie, mich zu korrigieren –, daß diese Lyrik der Jahrhundertmitte, wenn sie wirklich repräsentativ ist, einen seltenen Tiefstand des Verses zeigt, ja daß hier der Vers kaum noch existiert. Man könnte ja warten; wenn man von einer anderen Stelle her denkt, nämlich von der Malerei, dann wird man die Bemühungen der modernen Malerei begrüßen, die sich zunächst frei machen will von allem, was nicht echt künstlerische, malerische Mittel sind, von der Gefühligkeit des Inhalts zum Beispiel bei Spitzweg oder von dem Pathos der Mitteilung. Die moderne Malerei will zunächst die kunsteigenen Prinzipien bis ins letzte erkennen. Sie experimentiert in Bildern, die nur von Farbkontrasten, von der Wirkung der Farbe leben oder von der Wirkung der Form oder von der Spannung, von der Struktur der Bildfläche her. In brutaler Vereinseitigung werden diese Mittel hier zum Experiment benutzt, und es besteht die Hoffnung, daß sie sich später einmal wieder zusammenfügen. – Man könnte erwarten, daß die modernen Dichter nun ähnliche Einseitigkeit gegen alle außerkünstlerischen Wirkungen anstreben. Ein solches Programm hatte ja der Symbolismus in Frankreich verkündet: Gegen die falsche Empfindelei, gegen das Pathos der Meinungen, gegen die Beschreibung, gegen den Seelenausdruck: Kunst aus der Sprache heraus. Man sollte erwarten, daß zu diesen Prinzipien der Dichtung nun eben auch der Vers selber gehört, daß moderne Dichter mit den Möglichkeiten des Verses und des Rhythmus experimentieren. Ich habe in den letzten Tagen mehrfach die Sammlung *Transit* aufgeschlagen, gerade in dieser Hoffnung, solche Versexperimente – und seien sie auch einseitig und unbefriedigend – zu finden. Die Sammlung hat ja das Angenehme, daß man nicht weiß, von wem ein Gedicht ist, d.h. man gerät in keine Vorbefangenheit, man läßt das Gedicht an sich herankommen, man läßt den Rhythmus auf sich wirken. Es hat Gedichte gegeben, von deren Rhythmus ich unmittelbar angesprochen wurde in dieser Flut von Prosa, die man da lesen mußte; und wenn ich dann im Register nachschlug, von wem diese Gedichte waren, dann stellte sich heraus: von Rudolf Alexander Schröder. Ich sage: Bitte korrigieren Sie mich. Es kann sein, daß ich einfach zu alt bin, um diesen neuen Rhythmus, der vielleicht da ist in dieser neuen Generation, zu hören. Ich bin so alt, daß ich nun in meinem Leben schon verschiedene Kunstströmungen erlebt habe, die mir sagten: du bist zu alt, um das nachzuspüren, was wir hier bringen, wir bringen das Neue. Und ich habe erlebt, daß diese Kunstströmungen vorüber sind, und ich bin noch da. Ich bitte Sie aber, bei dieser Befangenheit, die ich sofort zugebe, sich nicht zu beruhigen. Sondern greifen Sie zu *Transit*, greifen Sie zu moderner Lyrik, und horchen Sie ab, ob das vielleicht neue Klänge, neue Rhythmen, neue Möglichkeiten des Verses sind, und ordnen Sie das Gefundene dann ein in die Zusammenhänge der deutschen Versgeschichte, die wir hier andeutend zu überschauen suchten.